LA CUISINE des petits

DÉPARTEMENT PRATIQUE

Crédits photographiques : © Sophie Crameri
Responsable éditoriale : Élise Bigot
Fabrication : Louisa Hanifi-Morard
Design graphique : Claire Fauvain
Relecture : Sandrine Decroix

82, rue Saint-Lazare, CS 10124, 75009 Paris
https://editions.flammarion.com/

ISBN : 978-2-0804-6774-4
N° d'édition : 645669
Dépôt légal : mars 2025

Solène Collin et Sophie Cramerie

LA CUISINE des petits

Flammarion

SOMMAIRE

LE PETIT DÉJEUNER

LE DÉJEUNER

LES DESSERTS

LE GOÛTER

LE DÎNER

L'APÉRO ET LES PIQUE-NIQUES

PRÉFACE

Si on nous avait dit il y a encore seulement 3 ans de cela qu'un jour nous écririons un livre ensemble, bien sûr que nous n'y aurions pas cru !

Pourquoi ? Tout simplement parce que, il y a 3 ans, nous ne nous connaissions même pas encore !

Avant de continuer cette histoire, il nous semble nécessaire de retourner quelque temps en arrière, à l'époque où nos chemins ne s'étaient pas encore croisés :

Solène

2020 : « Je crois que je vais démissionner. » Pour moi tout commence par cette phrase lancée à mon mari en rentrant de ma journée de travail. À la suite de deux coups durs dans ma vie personnelle et pas mal de lassitude dans mon job, je décide qu'il est temps de me lancer pour faire ce que j'aime vraiment. Je veux vivre à 250 %.

Deux semaines après cette décision, j'apprends que je suis enceinte et que nous sommes confinés !

Ma décision est prise : je vais passer les 3 prochaines années de ma vie à me reconvertir, lancer mon cabinet, tout en m'occupant de mon bébé jusqu'à son entrée à l'école. Au fil des mois, je m'intéresse de plus en plus à la pédiatrie. Je lis beaucoup, jusqu'à trouver LE sujet qui m'intrigue (et dont peu de personnes à l'époque échangent sur les réseaux) : le trouble de l'oralité alimentaire du jeune enfant.

En parallèle, je me lance sur Instagram, où je partage des infos sur l'alimentation des bébés, sur mon nouveau quotidien. Ma communauté s'agrandit et je commence à comprendre le potentiel de la plateforme.

2022 : Ça y est, je suis diplômée, je lance mon cabinet. L'aventure est lancée, mais j'en veux plus !

Sophie

2016 : Tout a commencé quand mon premier bébé a enfin été en âge de partager nos repas. Comme beaucoup d'autres jeunes mamans, c'est à ce moment-là que je me suis posé LA question : comment faire pour que nos repas soient aussi nutritifs pour lui que les petites purées pleines de bonnes choses que je lui préparais jusque-là ?

En effet, à l'époque dans nos assiettes ce n'était pas la gloire… Peu de variété, beaucoup de plats « tout prêts » et les légumes qui étaient souvent absents. Je voulais ce qu'il y a de mieux pour la santé de mon tout-petit, alors j'ai décidé d'apprendre à cuisiner des plats sains et nourrissants.

2020 : Confinée avec mes enfants (2 et 5 ans à l'époque), j'ai commencé à publier sur Instagram les recettes que je faisais pour eux. J'ai vite été surprise de voir que mes publications aidaient autant de parents à trouver des idées de repas pour leurs enfants !

Puis, un beau jour de l'été 2022, Solène m'a envoyé un message depuis son transat au bord de la piscine. Elle était sur le point d'ouvrir son cabinet en tant que diététicienne pédiatrique et me proposait de collaborer pour créer « quelque chose » ensemble.

Au fil des appels et des messages, nous nous sommes vite rendu compte que nous avions le même idéal : que tous les enfants puissent prendre du plaisir à manger et découvrir de nouveaux aliments. Les valeurs que nous souhaitions transmettre ont vite été très claires : pour nous, il était essentiel de faire rimer « alimentation » avec « plaisir », « bonne humeur », « confiance » et « lâcher prise ».

Et c'est ainsi que le « quelque chose » a pris forme : nous avons mis en commun tout notre savoir-faire pour accompagner les parents vers des repas plus agréables et harmonieux pour toute leur famille.

Et vous voulez une anecdote amusante ? Nous avons créé tout cela et travaillé ensemble pendant plus d'une année avant de nous rencontrer en personne. Merci Internet de rendre les choses si simples !

Nous espérons que ce que nous avons écrit dans ces pages servira aux parents qui les liront, leur permettra d'être plus sereins et confiants face à l'aventure difficile, palpitante et merveilleuse à la fois, qu'est l'alimentation des enfants.

Et n'oubliez jamais : vous êtes le meilleur parent pour votre enfant !

AVANT DE COMMENCER

Avant que vous ne plongiez la tête la première dans ce livre pour y découvrir nos conseils et recettes, nous aimerions partager avec vous la philosophie qui se cache derrière notre ouvrage.

Au fil des pages, nous mettrons tout en œuvre pour vous déculpabiliser de ne pas tout faire parfaitement.

Nous n'allons pas vous donner des règles strictes à appliquer à la lettre ni vous laisser penser que vous « casserez » votre enfant si vous ne suivez pas nos conseils. Pas du tout !

Notre but : vous guider dans la bonne humeur pour que vous vous sentiez compris, soutenu et accompagné à tout moment !

POUR VOUS DONNER UN APERÇU, VOICI NOS 5 *règles d'or* CONCERNANT L'ALIMENTATION DES ENFANTS

1. Au lieu de se focaliser sur l'assiette de brocolis restée intacte, ici nous aimons **voir l'alimentation des enfants comme un projet à long terme** : « Qu'est-ce que je peux mettre en place pour que mon enfant ait une alimentation qui lui fait du bien une fois qu'il est parti de chez moi (et que je ne suis plus derrière lui pour lui dire de manger ses haricots) ? »
2. Plutôt que de stresser sur les interdits et faire la liste de ce qu'il faudrait retirer, l'idéal est de **se concentrer sur tout ce que nous pouvons ajouter dans l'alimentation de notre famille pour apporter une nutrition plus riche**.
3. Ici, nous ne vous parlerons pas uniquement des « Il faut », mais aussi des « Comment on fait, concrètement ? » qui vous aideront bien plus.
4. Nous portons une attention toute particulière au fait de ralentir, d'adapter nos exigences et de laisser à nos enfants le temps d'aller à leur rythme. Les maîtres mots : **patience, constance et persévérance** ! Il n'y a pas de solution miracle pour que votre enfant mange son gratin de choux de Bruxelles du jour au lendemain. Mais nous vous garantissons que si vous ne lâchez pas l'affaire, vous allez commencer à collectionner les petites victoires !
5. Mais surtout : ce dont nous rêvons, c'est de vous faire voir l'alimentation comme un joli chemin à parcourir ensemble, et de vous aider à **déculpabiliser face à la masse d'informations à laquelle nous sommes exposés**, et qui parfois peut générer beaucoup d'anxiété...

Deux grands fils rouges :

1. LE PARTAGE DES RESPONSABILITÉS

Créé par Ellyn Satter, diététicienne nutritionniste et psychologue américaine, ce concept a pour but de guider les parents pour mettre en place un cadre pendant les repas. Il permet d'éviter un contrôle trop autoritaire ou, au contraire, de laisser à l'enfant une trop grande liberté par rapport à ce qu'il mange.

→ Le partage des responsabilités offre un cadre qui fera du bien à tous. Il aide à réduire les tensions du côté des parents et encourage l'autonomie des enfants dans leur rapport à la nourriture. En respectant ce cadre, on contribue à instaurer des habitudes alimentaires saines et une atmosphère détendue à table pour toute la famille.

→ Cette approche permet de poser les bases pour atteindre un objectif plus large (notre second fil rouge) : la construction d'une relation saine à l'alimentation.

Le parent est responsable du :	L'enfant est responsable du :
QUOI : ★ Choisir et préparer ce qui sera servi. **OÙ :** ★ Déterminer l'endroit où aura lieu le repas : à table la plupart du temps, avec la possibilité de proposer de temps en temps des pique-niques, des apéros, des plateaux-repas pendant une soirée film, etc. **QUAND :** ★ Servir les repas et collations à des heures régulières (sans devenir rigide sur les horaires pour autant) ; ★ Prévoir un temps de « repos » entre les différents temps de repas et aider l'enfant à le respecter ; ★ Faire comprendre à l'enfant que c'est le parent qui propose les aliments et pas lui qui va se servir seul ; ★ Accompagner l'enfant qui aurait peu ou pas mangé au repas et l'aider à attendre l'heure du prochain repas ou de la prochaine collation. **COMMENT :** ★ Déterminer le cadre du repas ; ★ Privilégier dès que possible les repas en famille ; ★ Faire du repas un moment positif : discuter, interagir avec l'enfant ; ★ Donner l'exemple pour que l'enfant puisse apprendre comment utiliser les couverts, comment se comporter à table ou encore comment réagir de façon positive face à un nouvel aliment ; ★ Favoriser l'autonomie de l'enfant en le laissant interagir avec la nourriture, même s'il se salit parfois ; ★ Aider l'enfant à verbaliser ses impressions des aliments plutôt que de se limiter à « J'aime/j'aime pas ».	**COMBIEN :** ★ Manger la quantité dont il a besoin. **QUOI :** ★ Parmi les aliments proposés, choisir ceux qu'il va manger et dans quel ordre.

2. LA CONSTRUCTION D'UNE RELATION SAINE À L'ALIMENTATION

Voilà une question que nous nous sommes souvent posée toutes les deux : *C'est quoi avoir une relation saine à l'alimentation ?*

En tant qu'êtres humains, nous avons des besoins physiologiques et psychologiques (saveurs, émotions) et la nourriture vient répondre à ces besoins.

Une relation saine se définit de cette manière : utiliser la nourriture de la bonne façon, pour répondre au bon besoin, au bon moment, et avoir une image agréable de soi-même à travers cela.

Pour développer un peu sur ce sujet et vous aider à y voir plus clair, on peut mentionner les 4 principales compétences alimentaires à développer :

1. Se sentir bien avec ce que nous mangeons.
2. S'intéresser à la nourriture et aux aliments que nous connaissons moins.
3. Se faire confiance (à soi et à son corps) pour déterminer les quantités à manger.
4. Prendre le temps de manger en portant une attention particulière à l'acte de manger.

À la naissance, nos enfants sont vierges de tout lien possible entre les aliments, la santé, le corps et le poids, mais ils possèdent déjà la capacité à ressentir leurs signaux corporels (faim, satiété, fatigue, etc.).

C'est au fil du temps et à travers leurs observations et les commentaires entendus que se créent ces liens dans la tête de nos enfants.

ALORS COMMENT FAIRE POUR AIDER NOS ENFANTS À AVOIR UNE RELATION SAINE À L'ALIMENTATION ?

- Évitons d'établir des liens entre les aliments, le poids et le corps.
- Découvrons les aliments par les activités quotidiennes telles que le jeu, les livres, les réponses à leurs 1 000 questions sur le pourquoi du comment, les courses au supermarché, les moments où l'on cuisine ensemble, etc. Quand c'est plaisant et sans pression, l'enfant est plus réceptif à la découverte. Nous avons tendance à sous-estimer ces interactions quotidiennes et leurs répercussions sur le développement et la découverte chez l'enfant, et à mettre le focus sur l'enseignement des bons et des moins bons aliments. Si dire à un enfant « Mange tes haricots, c'est bon pour ta santé » était la solution miracle, ça se saurait…
- Soyons attentifs aux jugements que nos enfants portent sur leur corps et son apparence. Soyons un bon modèle en nous montrant respectueux envers notre propre corps et celui des autres.
- Tolérance zéro à la maison sur les commentaires liés à l'apparence ou au poids des personnes (et c'est valable pour votre propre corps également).
- Parlons de cette incroyable machine qu'est le corps humain et quels rôles jouent les aliments pour la faire tourner !

Nous avons tous, en tant qu'adultes, notre propre rapport à l'alimentation. Je dis souvent aux parents qu'il est difficile d'accompagner son enfant sur un chemin si nous ne l'avons pas parcouru nous-mêmes.

Vous l'aurez compris, le livre que vous vous apprêtez à lire n'est pas un guide pour créer des repas parfaits, mais un compagnon bienveillant pour vous aider à (re)trouver de la sérénité au moment des repas en famille, en tenant compte à la fois des besoins de votre enfant et de votre réalité quotidienne.

Nous vous proposons donc de nous suivre dans cette aventure et de vous plonger dans les chapitres de cet ouvrage ! Prenez tout ce qui vous convient, laissez ce qui ne vous correspond pas, ce livre est fait pour ça. Bonne lecture !

Notes de lecture

Pour qu'il soit plus simple pour vous de vous y retrouver au premier coup d'œil dans nos recettes, nous avons intégré les pictogrammes suivants :

→ Sans gluten

→ Sans produits laitiers

→ Sans œufs

→ Congélation possible

Les quantités des recettes sont pour la plupart prévues pour 4 personnes, 2 adultes et 2 enfants. Dans le cas des desserts, goûters et petits déjeuners, nous vous indiquons le nombre de pièces que vous obtiendrez.

NOTRE BOÎTE à outils

Comme la plupart des parents, vous êtes peut-être confronté à l'une de ces situations :

- un bébé qui mangeait de tout avec plaisir, et du jour au lendemain ne veut plus que des aliments « beiges » (l'amour des pâtes et des gnocchis) ;
- un tout-petit qui refuse d'entendre parler de légumes et trie les moindres bouts verts dans son assiette ;
- un bambin qui mange de moins en moins et vous oblige à sortir tout le contenu de votre réfrigérateur avant de se décider à aller dormir le ventre vide…

Vous en avez marre qu'on vous dise que « ça finira bien par passer » ? Vous voudriez connaître les outils qui vont VRAIMENT aider votre enfant à reprendre plaisir à découvrir les aliments ? Alors laissez-nous vous dire que vous êtes au bon endroit !

Dans ce chapitre, nous vous ouvrons les portes de notre « Boîte à outils » : les stratégies que nous utilisons au quotidien pour aider les familles à retrouver du plaisir à table. Nous vous donnons aussi nos meilleures idées de menus et des conseils pour équilibrer les repas. Afin que donner une alimentation variée à votre famille ne soit plus un casse-tête quotidien.

LES GRANDES ÉTAPES POUR DÉCOUVRIR UN ALIMENT

Quand votre enfant ne goûte jamais les plats que vous lui préparez, cela peut vite devenir frustrant, voire stressant. Sachez que plus l'enfant interagit avec l'aliment, plus il est susceptible de prendre plaisir à le manger un jour. Entre le moment où il voit un aliment et le moment où il accepte de le manger, il y a 32 étapes sensorielles à franchir. Celles-ci peuvent être regroupées en 5 grandes marches à gravir :

- **tolérer** : j'accepte que l'aliment soit dans mon assiette sans le jeter par terre ;
- **interagir** : je le donne à manger à mon papa ou à ma maman, par exemple ;
- **sentir** : étape souvent négligée et pourtant très importante pour certains enfants ;
- **toucher** : du bout du doigt pour démarrer, puis progressivement avec l'épaule, la tête, la joue, le nez, les lèvres… On se rapproche de la zone orale progressivement.
- **goûter** : d'abord du bout de la langue, puis en croquant un bout…

Cette information est primordiale, car elle permet **d'adapter la manière dont nous présentons les aliments non acceptés à nos enfants.** Nous avons tendance, en tant que parents, à aller un petit peu trop vite en besogne. Nous passons directement au « Tu veux goûter ? », alors que nous pourrions faire plusieurs propositions en amont à l'enfant.

Par exemple, à table, si votre enfant refuse de mettre la courgette dans la bouche, faites un pas en arrière et proposez-lui de faire un bisou à l'aliment avant de débarrasser. Le maître mot, vous l'aurez compris, c'est la **PROGRESSIVITÉ** !

Podcast

Mon enfant refuse de toucher à ses légumes, je fais quoi ?

Pas facile de faire manger les fameux « 5 fruits et légumes par jour » à un enfant qui ne veut même pas en entendre parler…

C'est pourquoi, dans cet épisode, nous vous donnons des astuces ludiques pour apprendre à votre enfant à aimer les légumes de manière détendue et positive.

Écouter l'épisode

COMMENT PARLER DE NUTRITION À NOS ENFANTS ?

Vous allez voir, c'est beaucoup plus amusant que « C'est bon pour la santé » !

Les aliments orange (sources de vitamine A)

- Entre 0 et 3 ans : *les aliments orange t'aident à voir dans le noir.*
- Entre 3 et 5 ans : *les aliments orange contiennent de la vitamine A. On a besoin de vitamine A pour réussir à voir dans le noir. Tu viens, on va tester notre super vision nocturne ?*

Les aliments verts (sources de fibres/prébiotiques)

- Entre 0 et 3 ans : *les aliments verts t'aident à faire partir les microbes quand tu es malade.*
- Entre 3 et 5 ans : *les aliments verts contiennent des prébiotiques. Ils aident à nourrir les super bactéries que tu as dans tes intestins. Viens, on dessine ensemble ton équipe de bactéries !*

Les aliments rouges (sources de lycopène/antioxydant)

- Entre 0 et 3 ans : *les aliments rouges rendent ton cœur superfort.*
- Entre 3 et 5 ans : *les aliments rouges contiennent quelque chose qui s'appelle du lycopène, qui est rouge. Ça aide à protéger ton corps et ton cœur pendant très longtemps. Tu connais quoi, comme aliment rouge, toi ?*

Les aliments jaunes (sources de vitamine C)

- Entre 0 et 3 ans : *les aliments jaunes aident ton corps à guérir tes petits bobos.*
- Entre 3 et 5 ans : *les aliments jaunes contiennent de la vitamine C. Ils aident ton corps à se réparer, par exemple quand tu te coupes.*

Les aliments violets (sources d'antioxydants)

- Entre 0 et 3 ans : *les aliments violets t'aident à avoir un cerveau supercostaud.*
- Entre 3 et 5 ans : *les aliments violets contiennent des antioxydants. Ils t'aident à avoir un cerveau supercostaud. Tu arrives à faire quoi, toi, avec ton cerveau supercostaud ?*

source : kidseatsincolor

DÉCOUVRIR LES ALIMENTS EN DEHORS DES REPAS

Ne trouvez-vous pas qu'il est plus sympa d'apprendre à connaître le brocoli ou la betterave pendant un temps de jeu décontracté, plutôt qu'à table sous le regard insistant de papa et maman ? Appréhender les aliments hors des temps de repas permet d'enlever la pression et d'apprendre à les connaître dans un contexte ludique et détendu. Nous vous proposons ici 5 activités à réaliser ensemble pour découvrir les aliments. Un petit conseil : n'ayez pas peur des taches et du désordre, ils font partie de l'apprentissage !

LA PEINTURE végétale

CE DONT VOUS AUREZ BESOIN :

- Le jus d'une betterave
- Une feuille de papier
- Un pinceau (ou les doigts de votre enfant !)

5. Verser le jus de la betterave dans un petit bol et proposez à votre enfant d'y tremper son pinceau ou ses doigts pour faire de jolis dessins sur le papier.

6. Laisser sécher le dessin quelques minutes avant de l'exposer.

N'oubliez pas le tablier pour protéger les vêtements de votre enfant.

LE SLIME maison

CE DONT VOUS AUREZ BESOIN :

- Un récipient en plastique
- 2 tasses d'eau
- 1/2 tasse de graines de chia
- Du colorant alimentaire (optionnel)

1. Dans le récipient en plastique, mélanger l'eau avec les graines de chia et le colorant.

2. Laisser reposer le mélange 10 minutes pour que les graines de chia gonflent.

Voilà un slime maison sans produits chimiques et parfait pour expérimenter la texture gluante !

Attention, vous aurez sûrement besoin de protéger les vêtements de votre enfant pour cette activité, surtout si vous utilisez du colorant.

LA PÂTE À MODELER à odeurs

CE DONT VOUS AUREZ BESOIN :

* 300 g de farine blanche
* 380 ml d'eau chaude
* 250 g de sel
* 1 c. à s. de bicarbonate
* 3 c. à s. d'huile
* Des épices au choix

1. Dans une casserole hors du feu, mélanger l'eau, l'huile et la farine jusqu'à obtenir une pâte homogène. Ensuite, ajouter le sel et le bicarbonate et bien mélanger.
2. Cuire le mélange à feu moyen sans cesser de remuer, jusqu'à ce que la pâte épaississe et commence à se décoller du bord.
3. Sortir la pâte du feu et l'étaler sur une surface plate pour qu'elle refroidisse.
4. Une fois que la pâte a refroidi, bien la pétrir pendant quelques minutes, puis la séparer en plusieurs petites portions.
5. Ajouter une cuillère à soupe d'épices à chaque portion et bien malaxer pour intégrer.

CHEZ LE coiffeur

CE DONT VOUS AUREZ BESOIN :

- ★ Une ou plusieurs feuilles de papier
- ★ Un stylo-feutre noir
- ★ Des morceaux de légumes : fleurets de brocoli, feuilles de persil, salade, épluchures de concombre, lamelles de carotte, petits pois, etc.

1. Sur la feuille de papier, dessiner un grand cercle, puis lui ajouter des yeux, un nez et une bouche pour faire un visage.
2. Ensuite, proposer à l'enfant d'utiliser les différents morceaux de légumes à sa disposition pour faire des cheveux, une barbe, une moustache ou même des vêtements au personnage.

LES NOTES DU goût

CE DONT VOUS AUREZ BESOIN :

- ★ Des smileys de différentes couleurs dessinés ou imprimés
- ★ Des bâtonnets de glace
- ★ Des aliments à goûter

1. Commencer par découper les smileys (on peut même les plastifier), puis les coller sur les bâtonnets à glace.
2. Proposer à l'enfant de donner une note aux différents aliments proposés.

QUAND FAUT-IL CONSULTER ?

Sachez qu'il n'y a jamais de mauvaises raisons de consulter et qu'il n'est jamais trop tôt ni trop tard. Voici une liste de signaux d'alerte (non exhaustive) qui peut vous indiquer qu'une consultation serait nécessaire :

- → Perte de poids inexpliquée, cassure de la courbe de croissance.
- → Événement qui a impacté l'alimentation (accident, divorce, déménagement, entrée à la crèche, école...).
- → Antécédents d'événement traumatique d'étouffement.
- → Toux et/ou fausse-route pendant le repas.
- → Vomissements, régurgitations.
- → Plus d'un incident de reflux nasal.
- → Incapacité à passer à une alimentation texturée après 10 mois.
- → Incapacité à accepter des bouchées ou des aliments solides après 12 mois.
- → Aversion ou évitement de tout un groupe d'aliment, d'une texture spécifique.
- → Haut-le-cœur, réflexe nauséeux pendant le repas ou à la vue de certains aliments.
- → Panel alimentaire de moins de 20 aliments.
- → Arrête de manger des aliments au fil du temps sans les remplacer par de nouveaux.
- → Un enfant qui pleure au moment des repas, refuse de venir à table, qui cherche à se retirer du contexte du repas.
- → Tension familiale autour de l'alimentation ou au moment du repas (les repas sont devenus une source d'anxiété).
- → Impact sur la vie familiale (vacances, repas chez des amis).
- → Impact sur la vie sociale de votre enfant (anniversaires, cantine).
- → Antécédents de troubles alimentaires chez un parent.

CÔTÉ ORGANISATION

→ Savoir lire une étiquette nutritionnelle

★ La liste des ingrédients

Présentée par ordre décroissant, c'est-à-dire que l'ingrédient le plus abondant est mentionné en premier. On peut par exemple regarder si le sucre apparaît en premier dans la liste (ce qui signifie que c'est l'ingrédient le plus abondant dans le produit) ou encore si la liste d'ingrédients n'est pas aussi longue que le dictionnaire.

★ Les valeurs nutritionnelles

Portez une attention particulière aux informations sur **les sucres, les graisses et les fibres.**

La mention « dont sucres », sous les glucides, fait référence aux sucres simples qui ne sont pas liés à l'amidon, comme :

- → le fructose (qu'on peut trouver dans les fruits) ;
- → le lactose (qu'on retrouve dans le lait).
- → tous les sucres ajoutés : le saccharose (le sucre de table), le miel et tous les sucres industriels (sirop de glucose-fructose, sirop de maïs, sirop de sucre inverti, etc.)

Soyez aussi attentif à tous les sucres ajoutés : le saccharose (le sucre de table), le miel et tous les sucres industriels (sirop de glucose-fructose, sirop de maïs, sirop de sucre inverti, etc.).

Faites le lien entre les « dont sucres » et la liste des ingrédients et partez à la recherche des sucres ajoutés : saccharose, sirop de glucose, sirop de fructose, maltodextrine, caramel, sirop de sucre inverti, fructose (ajouté par les industriels), etc.

★ Les allergènes

Les étiquettes des produits doivent obligatoirement mentionner la présence d'allergènes courants tels que les arachides, les fruits à coque, les produits laitiers, les œufs, le soja et le blé. La plupart du temps, vous les remarquerez : ils sont écrits en gras dans la liste d'ingrédients.

★ La masse des portions

N'oubliez pas de prendre en compte la masse des portions mentionnées sur l'étiquette. Quelque fois, les informations nutritionnelles se réfèrent à une portion beaucoup plus petite que ce que l'on consomme réellement. Je pense notamment aux fameux « 30 g » indiqués sur les paquets de céréales du petit déjeuner pour enfant : pesez-les pour vous en rendre compte, on est très loin du bol rempli que peuvent se servir nos enfants.

→ Y a-t-il des aliments à ne pas donner à mon enfant ?

Les récentes recommandations et l'Anses et du HCSP pour l'alimentation des enfants mettent en avant des aliments déconseillés avant l'âge de 5 ou 10 ans dans un objectif préventif face aux risques microbiologiques.

Aliments déconseillés	
ENFANTS 0-5 ANS	★ Miel (nourrissons de moins d'un an). ★ Toutes les viandes crues ou peu cuites (cuire à cœur les viandes hachées et produits à base de viandes hachées). ★ Lait cru et fromage au lait cru (à l'exception des fromages à pâte pressée cuite comme le gruyère ou le comté). ★ Œufs crus ou produits à base d'œufs crus ou insuffisamment cuits. ★ Coquillages crus, poisson cru.
ENFANTS 6-10 ANS	★ Toutes les viandes crues ou peu cuites (cuire à cœur les viandes hachées et produits à base de viandes hachées). ★ Lait cru et fromage au lait cru (à l'exception des fromages à pâte pressée cuite comme le gruyère ou le comté).

Source : AFPA

→ Comment équilibrer les repas sur une semaine

Voilà la fréquence à laquelle il est recommandé de servir les différents groupes d'aliments à nos enfants :

- → **Légumineuses** : 2 fois par semaine minimum.
- → **Poisson** : 2 fois par semaine (dont 1 petit poisson gras comme le saumon, les sardines ou le maquereau).
- → **Féculents** : à tous les repas (dont un produit céréalier complet par jour minimum).
- → **Légumes** : à tous les repas (idéalement 1 crudité par repas : le fruit peut être considéré aussi comme une crudité).
- → **Fruits** : 2 à 3 portions par jour.
- → **Laitages** : 3 portions par jour.
- → **Fruits à coque** non salés et non sucrés (noix, noisettes, amandes, pistaches... : idéalement, une petite poignée par jour. Attention à bien adapter la forme pour les plus petits (pas de fruits à coques entiers avant 6 ans ; les proposer en poudre ou en crème dans vos plats, à la place).

→ Idée organisation pour la famille

Ça y est, vous êtes convaincu et déterminé à cuisiner plus pour vos enfants !

Il ne vous reste qu'à trouver comment vous organiser pour que cuisiner ne devienne pas votre occupation à temps complet, mais plutôt une tâche facile à glisser dans votre planning serré.

Voilà les 5 astuces qui nous ont fait gagner le plus de temps en cuisine :

1. Cuisiner en double ou faire du batchcooking :

Le batchcooking, c'est le fait de cuisiner d'un coup une grande partie des repas de la semaine. Si vous n'avez pas la possibilité de bloquer 3 heures pour faire cela le week-end, vous pouvez toujours continuer à cuisiner un plat différent chaque jour, en doublant la quantité pour pouvoir le congeler et ainsi gagner du temps sur la préparation d'un prochain repas.

2. Planifier les menus et les courses

L'une des choses qui m'ont fait perdre le plus de temps, c'était cette petite danse tous les soirs entre le placard et le réfrigérateur pour trouver une idée de repas qui n'était ni des pâtes ni ce que j'avais déjà fait le jour d'avant…

La solution ? Planifier les menus de la semaine ! Cela permet non seulement de mieux équilibrer les repas, mais également de faire les courses une seule fois, d'avoir à disposition tous les ingrédients, et même de pouvoir prendre de l'avance sur certaines préparations.

3. Organiser !

Fini de perdre du temps à chercher telle spatule ou le paquet de riz à moitié entamé qui s'est caché au fond du placard. Prenez un moment pour organiser les tiroirs, les placards et le réfrigérateur de la manière qui vous convient le mieux pour que tout vous soit accessible en une fraction de seconde quand vous vous lancerez dans la préparation du repas.

4. Connaître ses alliés

Tout faire maison de A à Z, c'est super ! Mais si vous n'avez pas le temps de faire votre pain, votre beurre ou même votre purée de pommes de terre maison, ce n'est pas la fin du monde non plus ! Nous vous conseillons de toujours avoir une réserve de produits déjà prêts (surgelés, en conserve, etc.) avec une composition acceptable, que vous pourrez dégainer sans remords les jours où vraiment le temps manque (vive la purée en flocons !).

5. Ne pas chercher à faire trop compliqué

Pour cuisiner maison pour notre famille, pas besoin de devenir aspirant à *Top Chef* ! Des plats simples avec un légume, un féculent et, si besoin, une source de protéines sont suffisants et vous prendront moins de temps à réaliser que les superbes recettes avec mille composantes qu'on voit passer sur Internet. Vous pouvez même parfois proposer des repas en mode « apéro » : une assiette avec différents aliments (crudités, fromage, pain, fruit, yaourt, etc.) où l'enfant pourra piocher à sa guise. Et sinon, ce livre est là pour vous donner des idées originales et rapides à préparer !

→ Nos idées de menus anti-« panne d'inspiration »

Maintenant que nous vous avons dit et redit à quel point cela nous rend service, nous espérons vous avoir convaincu de commencer à planifier vos menus !

Cependant, reste à faire le plus dur : trouver des idées de repas pour toute la semaine...

Voilà donc quelques idées de menus équilibrés en fonction des saisons :

Menus de printemps

PETIT DÉJEUNER

- Pain complet
- confiture maison (p. 51)
- un verre de lait
- un petit bol de fraises

MIDI

- Quiche aux asperges (p. 66)
- poire en dessert

GOÛTER

- Cookies aux pois chiches (p. 124)
- une prune

SOIR

- Wraps à la betterave (p. 202)
- yaourt en dessert

Menus d'été

PETIT DÉJEUNER

- Petit flan au lait infantile (p. 38)
- morceaux de nectarine

MIDI

- Empanadas maquereau-ratatouille (p. 62)
- salade de concombre
- yaourt en dessert

GOÛTER

- Frites de fruits (p. 138)

SOIR

- Risotto courgette petits pois (p. 68)
- framboises en dessert

Menus d'automne

PETIT DÉJEUNER

- Pancakes sans sucre ajouté (p. 30)
- un verre de lait et une banane

MIDI

- Parmentier bicolore (p. 72)
- kiwi en dessert

GOÛTER

- Marbré au potiron (p. 88)
- clémentine

SOIR

- Mac & cheese aux légumes (p. 150)
- bâtonnets de carotte
- yaourt en dessert

Menus d'hiver :

PETIT DÉJEUNER

- Porridge avec morceaux de fruits et purée d'oléagineux (p. 32)

MIDI

- Boulettes de poulet et quinoa (p. 60)
- purée de pommes de terre
- poire en dessert

GOÛTER

- Compote maison
- muffin sans sucre ajouté (p. 114)
- un verre de lait

SOIR

- Pancakes à la patate douce (p. 176)
- fleurets de brocoli
- yaourt avec de la pomme râpée en dessert

EN PLUS

- Possibilité d'ajouter une tranche de pain à chaque repas selon l'appétit de l'enfant

Le petit déjeuner

Si vous êtes comme nous, vos matins ressemblent peut-être à une course contre la montre. C'est le moment où il faut jongler entre le réveil des enfants, la préparation des affaires pour l'école, la crèche ou la nounou, le brossage de dents et avaler rapidement un morceau avant de partir. Alors ne vous inquiétez pas, le petit déjeuner ne ressemble pas toujours (jamais ?) à ces photos parfaites d'Instagram. Cependant, on ne peut pas l'oublier, le petit déjeuner devrait représenter 20 % des apports totaux énergétiques journaliers d'un enfant. Pour eux, c'est l'occasion de faire le plein d'énergie pour affronter une journée bien remplie.

Ce chapitre regorge de conseils pour équilibrer facilement le petit déjeuner de votre enfant, même lorsque le temps vous manque. Vous y trouverez des recettes simples et délicieuses pour les matins plus paisibles, des astuces pour préparer vos petits déjeuners à l'avance et gagner de précieuses minutes, ainsi que des conseils pour les enfants qui n'ont jamais faim le matin.

Et s'il arrive que vous vous sentiez coupable de ne pas toujours préparer un petit déjeuner digne d'un grand chef, rappelez-vous : nous avons tous besoin, de temps en temps, d'un jour de repos. Alors, respirez, souriez et savourez ces petits moments matinaux. Après tout, ce n'est pas seulement ce qu'il y a dans l'assiette qui compte, mais aussi l'amour et l'attention avec lesquels vous les accompagnez chaque matin.

Podcast

Tout savoir sur le petit déjeuner des enfants

Pour en savoir plus sur le petit déjeuner des enfants (et des grands !), nous vous invitons à écouter notre podcast sur le sujet. Au programme : des idées de petits déjeuners, des astuces pour les composer, les aliments à éviter et ceux à privilégier, et des solutions pour les parents dont les tout-petits ne veulent rien d'autre que leur lait le matin.

Écouter l'épisode

COMMENT COMPOSER UN PETIT DÉJEUNER ÉQUILIBRÉ ?

Vous allez voir, c'est très simple ! Pour manger un petit déjeuner équilibré, votre enfant a besoin au minimum d'une boisson (eau ou lait) et de trois éléments principaux :

- un aliment céréalier ;
- un produit laitier ;
- un fruit.

Qui peuvent être complétés par :

- un élément lipidique : purée de noisette, purée d'amande, beurre de temps en temps, avocat… ;

- un élément sucré : confiture, miel, sirop d'érable ;
- un élément protidique : œuf, jambon occasionnellement.

Zoom sur l'aliment céréalier

Les produits céréaliers apportent des glucides essentiels pour que votre enfant conserve une énergie jusqu'au repas du midi.

Quelques idées pour les matins pressés :

- des tartines : variez les pains chaque matin (complet, seigle, nordique, aux céréales) ;
- de l'avoine (le fameux porridge que vous pouvez préparer à l'avance) ;
- les recettes de ce chapitre à préparer à l'avance ;
- du pain des fleurs, des cracottes ;
- des muffins complets ou du pain de mie complet.

Mieux vaut limiter les viennoiseries, les céréales fourrées, les gâteaux chocolatés, et les crêpes fourrées au chocolat (aussi tentantes soient-elles...). Mais pas de panique, nous ne cherchons pas à vous faire culpabiliser : ces petites douceurs, consommées de temps en temps, ne vont pas non plus changer la face du monde. L'important, c'est que cela reste une exception et non la règle : la fréquence recommandée est de trois fois maximum sur un cycle de vingt petits déjeuners.

Zoom sur le produit laitier

Les produits laitiers apportent à nos enfants du calcium essentiel à la formation et à la solidité des os et des dents.

Voici quelques options pour satisfaire leurs besoins :

- lait maternel ou infantile (minimum 300 ml par 24 heures jusqu'à l'âge 3 ans selon la Société française de pédiatrie) ;
- yaourts au lait entier (jusqu'à 3 ans) ;
- lait demi-écrémé (à partir de 3 ans) ;
- petits-suisses, fromage blanc, fromage frais ;
- fromages à pâte dure, comme l'emmental.

Idéalement, optez pour un yaourt nature. Si votre enfant fait la grimace en le voyant, ajoutez un sucrant de votre choix, vous maîtriserez ainsi la quantité et la qualité.

Attention aux laits et yaourts végétaux : choisissez des produits enrichis en calcium, car ce n'est pas toujours le cas ! Retournez le paquet et vérifiez l'étiquette nutritionnelle pour trouver la mention « calcium ».

Zoom sur les fruits

Ils nous offrent de l'hydratation, des fibres et des minéraux. Dans l'idéal, évidemment, on préférera le fruit brut à la compote, car c'est celui qui renferme le plus de fibres et de vitamines.

Vous pouvez aussi donner une compote en pot. Surtout les matins de *rush*, on fait du mieux qu'on peut sans s'angoisser. En revanche, côté compotes, préférez les compotes avec la mention «sans sucres ajoutés».

Soyez attentifs aux compotes en gourde: si elles sont très pratiques, elles ne permettent pas à nos enfants de voir et sentir ce qu'ils mangent (peu d'expérience sensorielle). Elles sont aussi souvent, bien trop vite avalées.

DÉCOUVRIR EN RIGOLANT

Placez l'aliment entre vos dents et parlez. Demandez à votre enfant s'il comprend ce que vous êtes en train de raconter. Il y a de fortes chances qu'il ait envie d'essayer à son tour!

Que faire si mon enfant ne veut pas…

…PRENDRE DE PETIT DÉJEUNER

- La première question à se poser : prenez-vous le temps de vous accorder un petit déjeuner ? Après tout, notre exemple est crucial pour influencer les habitudes alimentaires de nos enfants.
- Considérez le petit déjeuner comme un repas important : créez une routine plaisante en vous réunissant autour d'une table. Prenez le temps de partager ce moment avec votre enfant, c'est une occasion d'échange et de soutien avant de démarrer la journée. Même 10 minutes chaque matin peuvent suffire à instaurer une bonne habitude.
- Proposez des options variées que les enfants adorent, comme des smoothies maison ou un petit déjeuner salé avec des œufs ou du fromage.
- N'hésitez pas à revoir votre routine du matin et à proposer le petit déjeuner à distance du réveil. Il arrive que les enfants aient besoin d'être un peu en mouvement avant d'avoir faim.

…MANGER DE PRODUITS LAITIERS

Pour les enfants qui consomment peu de produits laitiers, il est essentiel de trouver des alternatives riches en calcium. Voici quelques-unes des alternatives que vous pouvez proposer :

- **boisson et desserts végétaux enrichis** (attention, ils ne le sont pas tous !) ;
- **légumes à feuilles et légumineuses,** comme les épinards (240 mg pour 100 g) ou les haricots blancs (120 mg/100 g) ;
- **les oléagineux** comme les amandes (260 mg pour 100 g) ou les noisettes (120 mg pour 100 g) ;
- **les eaux minérales.**

Une supplémentation peut également être envisagée. Parlez-en à votre médecin et/ou à votre diététicien pédiatrique.

PANCAKES simples et moelleux

≈ 10 petits pancakes

15 minutes

INGRÉDIENTS

- 200 g de compote de pomme sans sucre ajouté
- 2 œufs
- 100 g de farine blanche
- 1 c. à s. de levure chimique

POUR SERVIR, AU CHOIX :

morceaux de fruits, pâte à tartiner, sirop d'érable, miel ou confiture

CONSERVATION

Une fois cuits, les pancakes se conservent jusqu'à 3 jours au réfrigérateur, dans un récipient hermétique. Ils peuvent également être congelés ; il suffira de les laisser décongeler une nuit au réfrigérateur avant de servir.

Ces pancakes sont notre option préférée pour les petits déjeuners du dimanche : rapides à cuisiner, ils peuvent même être préparés à l'avance et congelés pour les jours où le temps manque.

1. Commencer par casser les œufs et séparer le blanc du jaune.
2. Dans un saladier, mélanger la compote de pomme et les deux jaunes d'œufs.
3. Dans un récipient à part, battre les blancs d'œufs en neige jusqu'à ce qu'ils aient une consistance ferme, et les ajouter petit à petit en remuant doucement au mélange d'œuf et compote.
4. Ensuite, ajouter la farine et la levure chimique et mélanger doucement jusqu'à ce que la pâte soit homogène.
5. Pendant ce temps, faire chauffer un peu d'huile dans une poêle.
6. Y déposer de petites portions de pâte, puis couvrir avec un couvercle et cuire les pancakes jusqu'à ce que de petites bulles apparaissent à la surface.
7. Retourner les pancakes à l'aide d'une spatule et terminer la cuisson une minute de l'autre côté.
8. Répéter l'opération avec le reste de la pâte.
9. Servir les pancakes encore chauds avec la garniture choisie (ici, nous avons choisi de les accompagner de fraises fraîches et de yaourt nature).

PORRIDGE crémeux

4 à 6 bols

15 minutes

INGRÉDIENTS

- ★ 1 tasse de flocons d'avoine
- ★ 2 tasses de lait (ou alternative végétale)
- ★ 1 c. à s. de sucrant au choix : miel (pas avant 1 an), sucre de canne, sirop d'érable
- ★ 1 c. à s. de saveur au choix : cacao, cannelle ou autre épice ; purée d'oléagineux, compote ou coulis de fruit, etc.

POUR DÉCORER :

morceaux de fruits, copeaux de chocolat, éclats d'amandes, de noisettes ou de cacahuètes, etc.

CONSERVATION

En refroidissant, le porridge va prendre une consistance plus ferme. On peut le conserver dans un récipient hermétique au réfrigérateur. Pour le réchauffer, il suffit d'ajouter un peu de lait, puis de le chauffer au micro-ondes ou dans une casserole.

Voilà un de nos petits déjeuners préférés : ici, chacun le personnalise avec ses saveurs préférées, et nous le préparons à l'avance pour en avoir toujours un bol sous la main !

1. Dans une petite casserole, porter le lait à ébullition, tout en remuant pour éviter qu'il ne brûle au fond de la casserole.
2. Quand le lait commence à bouillir, mettre sur feu moyen et ajouter les flocons d'avoine, le sucrant et la cuillère de saveur choisie.
3. Bien mélanger et laisser cuire à feu doux pendant 10 à 15 minutes jusqu'à ce que le porridge atteigne une consistance crémeuse.
4. Servir chaud avec des morceaux de fruits pour décorer.

POUR LA VERSION PETIT OURS (nature)

Une fois le porridge cuit, verser une portion dans un bol et décorer avec deux rondelles de banane pour les oreilles, une rondelle de banane et une myrtille pour le museau, et deux myrtilles pour les yeux.

POUR LA VERSION COCHON (pomme et cannelle)

Après avoir ajouté l'avoine, râper une pomme et l'ajouter au mélange avec une cuillère à café de cannelle. Bien mélanger et poursuivre la cuisson jusqu'à ce que les flocons soient tendres. Ensuite, verser une portion dans un bol et décorer avec deux morceaux de fraises pour les oreilles, une rondelle de fraise et deux myrtilles pour le groin, et deux myrtilles pour les yeux.

POUR LA VERSION HIBOU (chocolat)

Une fois le porridge cuit, verser une portion dans un bol et y faire fondre un carré de chocolat noir pendant que le porridge est encore chaud. Bien mélanger. Décorer avec deux lamelles de pomme pour les ailes, deux rondelles de banane surmontées de deux myrtilles pour les yeux, un petit triangle découpé dans un morceau de fraise pour le bec et six demi-rondelles de banane pour les plumes.

BISCUITS aux céréales

≈ 10 gros biscuits

25 minutes

Ces biscuits complets et peu sucrés sont une option idéale pour les enfants qui raffolent de biscuits pour le petit déjeuner.

Leur point fort ? On peut les emporter partout pour les petits creux !

INGRÉDIENTS

- 80 g de farine complète ou semi-complète
- 40 g de noisettes
- 40 g de poudre d'amande
- 60 g de flocons d'avoine
- 30 g de sucre de canne
- 50 g d'huile végétale
- 4 cuillères à soupe de lait (ou alternative végétale)
- 30 g de chocolat noir 70 % cacao

1. Commencer par concasser les noisettes et le chocolat.
2. Dans un saladier, déposer la farine, la poudre d'amande, les flocons d'avoine, le sucre, le chocolat et les noisettes concassées.
3. Bien mélanger.
4. Ajouter l'huile et le lait et mélanger à la main.
5. Former les biscuits en prenant une petite portion de pâte dans la main et la pressant pour créer une masse compacte.
6. Donner forme aux biscuits en les aplatissant légèrement, puis les déposer sur une plaque recouverte de papier cuisson.
7. Cuire les biscuits 15 à 18 minutes à 160 °C.
8. Laisser refroidir avant de déguster.

CONSERVATION

Une fois cuits et refroidis, les biscuits se conservent jusqu'à 5 jours dans un récipient hermétique.

GAUFRES à la banane

≈ 12 petites gaufres

15 minutes

Rapides à préparer, gourmandes et sans sucre ajouté, ces petites gaufres sont une option pratique pour les petits déjeuners de toute la famille.

INGRÉDIENTS

* 1 banane mûre
* 150 g de farine d'avoine (alternative : flocons d'avoine mixés)
* 100 ml de lait (ou alternative végétale)
* 1 œuf
* Fruits pour décorer (ici, myrtilles, fraise et banane)

1. Commencer par peler la banane et l'écraser à la fourchette dans un saladier.
2. Ajouter l'œuf, bien mélanger.
3. Ajouter la farine et le lait, mélanger à nouveau jusqu'à obtenir une pâte homogène.
4. Verser de petites portions de pâte dans le gaufrier et cuire chaque gaufre environ 5 minutes.

CONSERVATION

Une fois cuites, les gaufres se conservent jusqu'à 3 jours au réfrigérateur, dans un récipient hermétique.

Elles peuvent également être congelées ; il suffira de les laisser décongeler une nuit au réfrigérateur avant de servir.

INFO NUTRIMENT : LE CALCIUM

La couverture des besoins en calcium est essentielle pendant l'enfance, période durant laquelle les os se développent activement. Les produits laitiers sont une source reconnue efficace pour répondre à ces besoins nutritionnels. Les besoins en calcium sont de 450 mg/jour entre 1 à 3 ans et 800 mg/jour entre 4 et 10 ans.

On trouve 150 mg de calcium dans :

* un yaourt au lait de vache ;
* 125 ml de lait de vache ;
* 200 ml de lait de croissance ;
* 16 g d'emmental.

Entre 3 et 17 ans les recommandations sont de 3 produits laitiers par jour.

L'absorption du calcium est favorisée par un bon statut en vitamine D. La Société française de pédiatrie recommande une supplémentation tout au long de l'enfance. N'hésitez pas à en discuter avec votre médecin.

FLANS au lait infantile

5 à 6 petits flans

10 minutes + repos

Si votre enfant a parfois de la peine à boire son lait, ces petits flans sont une alternative gourmande qu'il appréciera sans doute !

INGRÉDIENTS

- 10 mesurettes de lait infantile
- 300 ml d'eau
- 2 g d'agar-agar (gélatine végétale)
- 1 c. à s. d'extrait de vanille
- 1 cuillère à soupe de sucre ou de miel (optionnel)

POUR LA VERSION CACAO :

- 1 cuillère à soupe de cacao non sucré

1. Dans une petite casserole, verser tous les ingrédients et bien mélanger au fouet pour que tout soit bien intégré.
2. Porter le mélange à ébullition, puis baisser le feu et continuer à cuire sans cesser de remuer pendant 2 minutes.
3. Verser le mélange dans des moules en silicone et laisser durcir au minimum 1 heure au réfrigérateur.
4. Ensuite, démouler pour servir.

CONSERVATION

Les petits flans se conservent jusqu'à 3 jours au réfrigérateur.

ASTUCE

Pour une version au lait de vache, remplacer les 300 ml d'eau par 300 ml de lait et ne pas ajouter de lait en poudre.

GRANOLA maison

pour 1 pot de granola

30 minutes + repos

Parfait pour accompagner les yaourts de votre enfant et en faire un repas complet et savoureux, ce granola est très simple à préparer et vous pouvez même le personnaliser avec d'autres saveurs (chocolat, épices, morceaux de noix en tous genres et de fruits desséchés).

INGRÉDIENTS

- 20 g de beurre (alternative : huile de coco)
- 1 c. à s. de miel
- 1 c. à s. de purée d'amande ou de cacahuète
- 100 g de flocons d'avoine
- 1 c. à c. de cannelle
- 1 pincée de sel
- 50 g de noisettes concassées
- 2 c. à s. de raisins secs
- 30 g de chocolat concassé

1. Dans une petite poêle, faire fondre à feu doux le beurre avec le miel et la purée d'amande ou de cacahuète.
2. Mélanger pour obtenir une crème.
3. Dans un saladier, mélanger les flocons d'avoine avec la cannelle, les noisettes concassées et le sel.
4. Ajouter le mélange de miel, beurre et purée d'amande ou de cacahuète et bien remuer pour intégrer tous les ingrédients.
5. Étaler le mélange sur une plaque de cuisson chemisée et cuire au four à 160 °C environ 10 minutes.
6. Sortir le granola du four, remuer le mélange sur la plaque et terminer la cuisson 10 minutes de plus.
7. Une fois la cuisson terminée, laisser le granola refroidir complètement, puis ajouter le chocolat concassé et les raisins secs.

CONSERVATION

Jusqu'à 15 jours dans un bocal hermétique. N'hésitez pas à préparer la recette en double quantité pour vous assurer quelques jours de petits déjeuners sans stress.

NIDS de pomme de terre

12 petits nids

40 minutes

INGRÉDIENTS

* 2 pommes de terre de taille moyenne (200 g chacune)
* 1/2 oignon
* 60 g de dés de jambon
* 4 œufs
* 50 g de fromage râpé

CONSERVATION

Les nids de pomme de terre se conservent jusqu'à 3 jours au réfrigérateur. Vous pouvez les réchauffer 1 minute au micro-ondes, ou sinon 5 minutes au four à 180 °C.

Pour changer des petits déjeuners sucrés, voilà une recette salée facile à réaliser, qu'on peut préparer à l'avance et personnaliser avec différents fromages ou des morceaux de légumes.

1. Peler la pomme de terre et la râper grossièrement.
2. Déposer la pomme de terre dans un saladier. Saler et poivrer et bien mélanger.
3. Huiler des moules à muffins et y déposer une cuillère de pomme de terre râpée.
4. Bien écraser la pomme de terre au fond du moule de manière à créer un creux au milieu.
5. Enfourner les fonds de pomme de terre pendant 20 minutes à 220 °C.
6. Pendant ce temps, peler et hacher l'oignon.
7. Dans une poêle avec un peu d'huile, faire dorer l'oignon et les dés de jambon.
8. Dans un bol, battre les œufs avec un peu de sel et de poivre.
9. Ajouter l'oignon, le jambon et le fromage râpé.
10. Bien mélanger.
11. Une fois les fonds de pomme de terre cuits, répartir le mélange à l'œuf sur les pommes de terre et cuire à nouveau pendant 10 à 15 minutes à 180 °C.
12. Laisser tiédir avant de déguster.

BRIOCHES pomme-cannelle

6 à 8 brioches

40 minutes + repos

INGRÉDIENTS

POUR LA PÂTE À BRIOCHE :

- 60 ml de lait
- 7 g de levure de boulanger (sèche)
- 60 g de sucre
- 4 œufs
- 440 g de farine blanche
- 1 pincée de sel
- 140 g de beurre (à température ambiante)

POUR LA FARCE :

- 30 g de beurre
- 2 c. à s. de sucre brun
- 3 pommes
- 2 c. à s. de cannelle
- 100 ml d'eau

1. Dans une petite casserole, chauffer doucement le lait jusqu'à ce qu'il soit tiède. Retirer du feu, puis ajouter la levure et bien mélanger jusqu'à ce qu'elle soit totalement diluée.
2. Dans un saladier ou dans le bol du robot de cuisine, verser le mélange de lait et de levure, puis ajouter le sucre, la farine, les œufs et le sel.
3. Pétrir la pâte au robot pendant environ 10 minutes. Si l'on choisit de pétrir la pâte à la main et qu'elle colle trop aux doigts, ajouter un peu de farine. Ajouter le beurre en morceaux petit à petit tout en continuant de pétrir. Former une boule avec la pâte et la laisser lever dans un endroit tiède (35-40 °C) pendant environ 1 heure.
4. Pendant ce temps, peler les pommes et les découper en tout petits cubes.
5. Dans une poêle, faire fondre les 30 g de beurre avec le sucre brun. Quand le mélange commence à caraméliser, ajouter les morceaux de pomme et bien mélanger.
6. Saupoudrer de cannelle et ajouter les 100 ml d'eau. Bien mélanger et laisser cuire les pommes à couvert jusqu'à ce qu'elles soient bien tendres et fondantes.
7. Une fois que la pâte à brioche a terminé de lever, préparer une surface enfarinée, puis y abaisser la pâte au rouleau pour former un rectangle d'environ 20 cm de large.
8. Déposer la farce à la pomme sur la pâte en prenant bien garde de laisser 3 cm de bords libres.
9. Découper des bandes de 5 cm de pâte dans le sens de la largeur et les enrouler soigneusement sur elles-mêmes.
10. Déposer les brioches sur une plaque de cuisson chemisée en laissant de l'espace entre elles. Cuire les brioches 10 à 12 minutes à 180 °C.

SMOOTHIES multicolores

Portions	un grand verre ou 2 petits
Temps	5 minutes

Pour les enfants qui ont peu d'appétit le matin, les smoothies peuvent être une super option pour apporter des nutriments de manière simple et agréable. Choisissez la saveur qui vous plaît le plus parmi notre arc-en-ciel de smoothies !

Smoothie vert

INGRÉDIENTS

* 10 g de feuilles d'épinards lavées
* 1/2 kiwi
* 1 rondelle d'ananas (30 g)
* 1/2 banane
* 200 ml de lait ou de lait végétal

1. Découper grossièrement les fruits et déposer tous les ingrédients dans le bol du mixeur.
2. Mixer jusqu'à obtenir une texture homogène.

Smoothie jaune

INGRÉDIENTS

* 200 g de mangue fraîche ou surgelée
* 200 g de lait de coco
* 200 ml de lait ou de lait végétal
* optionnel : 1 c. à s. de miel

1. Découper grossièrement la mangue et déposer tous les ingrédients dans le bol du mixeur.
2. Mixer jusqu'à obtenir une texture homogène.

Smoothie rose

INGRÉDIENTS

* 100 g de fraises fraîches
* 1 c. à s. de purée d'amande
* 100 g de yaourt à la grecque nature
* 200 ml de lait ou de lait végétal

1. Retirer la queue des fraises et déposer tous les ingrédients dans le bol du mixeur.
2. Mixer jusqu'à obtenir une texture homogène.

Smoothie rouge

INGRÉDIENTS

- 300 g de pastèque
- 100 g de cerises

1. Découper la pastèque et dénoyauter les cerises.
2. Déposer tous les ingrédients dans le bol du mixeur et mixer jusqu'à obtenir une texture homogène.

Smoothie violet

INGRÉDIENTS

- 80 g de myrtilles fraîches ou surgelées
- 200 ml de lait ou de lait végétal
- 1 c. à s. de miel

Déposer tous les ingrédients dans le bol du mixeur et mixer jusqu'à obtenir une texture homogène.

Smoothie brun « tout en 1 »

INGRÉDIENTS

- 1 banane mûre
- 100 g de yaourt à la grecque nature
- 1 c. à s. de beurre de cacahuète
- 1 c. à s. de cacao non sucré
- 2 c. à s. de flocons d'avoine
- 100 ml de lait ou de lait végétal

1. Déposer tous les ingrédients dans le bol du mixeur.
2. Laisser reposer quelques minutes pour que les flocons d'avoine s'imbibent de liquide et soient plus faciles à mixer par la suite.
3. Finalement, mixer jusqu'à obtenir une texture homogène.

CONSERVATION

Les smoothies peuvent être préparés à l'avance et conservés dans une bouteille ou un récipient hermétique pendant 2 jours.

ASTUCE

Pour l'été, vous pouvez transformer vos smoothies en petites glaces maison : il suffit de verser le smoothie dans des petits moules à glaces et les laisser prendre une nuit au réfrigérateur.

Smoothie
vert
Smoothie
jaune
Smoothie
rose

Smoothie rouge
Smoothie violet
Smoothie brun « tout en 1 »

LE PETIT DÉJEUNER "complet"

1 pain

40 minutes

INGRÉDIENTS

- 7 g de levure de boulangerie
- 375 g de farine de blé
- 300 ml d'eau tiède
- 1 c. à c. de sel
- Pour la version cacao : 2 c. à s. de cacao non sucré

CONSERVATION

- Ce pain maison peut être conservé jusqu'à 2 jours enveloppé dans un torchon propre. On peut également le découper en tranches et le congeler pour les prochains petits déjeuners.
- Pour décongeler les tranches, il suffit de les laisser une nuit au réfrigérateur.

Pain express en deux couleurs

Avec cette recette vous ne serez pas déçu : pas besoin de machine à pain ni même de pétrissage, et on obtient un délicieux pain maison croustillant que les enfants vont prendre grand plaisir à préparer avec leurs parents. N'hésitez pas à tester la version cacao pour une expérience originale.

1. Dans un saladier, diluer la levure dans un peu d'eau tiède.
2. Ajouter la farine, le reste de l'eau et le sel et bien mélanger pour obtenir une pâte homogène. Pour la version cacao, ajouter le cacao en poudre à cette étape et mélanger jusqu'à ce que toute la pâte ait la même couleur chocolatée.
3. Laisser reposer à couvert dans un endroit tiède minimum 1 heure.
4. Préchauffer le four à 240 °C.
5. Une fois que la pâte a levé, la verser dans un moule à cake chemisé.
6. Cuire le pain 30 minutes à 240 °C avec un plat rempli d'eau dans le fond du four (pour que la croûte soit bien croustillante).
7. Laisser refroidir avant de déguster.

1 pot

30 minutes

Confiture de fraise sans sucre ajouté

Rien de mieux pour garnir les tartines du petit déjeuner qu'une délicieuse confiture maison, surtout si elle contient beaucoup moins de sucre que les confitures du commerce ! Pour ce livre, nous avons fait une version à la fraise, mais vous pouvez également réaliser la confiture avec la même quantité de cerises, de framboises ou d'abricots, par exemple.

INGRÉDIENTS

* 300 g de fraises fraîches
* 4 dattes
* 4 c. à s. d'eau
* 1 c. à s. de graines de chia

1. Commencer par laver et découper les fraises, puis les déposer dans une casserole avec le reste des ingrédients.
2. Cuire le tout 20-25 minutes à feu doux en remuant de temps en temps.
3. Si besoin, ajouter un peu d'eau pour que les fruits ne collent pas au fond.
4. Une fois que les fraises sont cuites et très tendres, passer le tout au mixeur.
5. Verser la confiture dans un pot et laisser refroidir.

Pâte à tartiner choco-noisette

Voilà notre recette incontournable, celle que nous avons toujours en réserve pour le petit déjeuner : la pâte à tartiner maison pleine de bons ingrédients ! Une super option pour diminuer la quantité de sucre consommée par petits et grands au petit déjeuner.

INGRÉDIENTS

* 200 g de noisettes
* 2 c. à s. de cacao non sucré
* 200 g de dattes
* 160 ml de lait végétal

1. Préchauffer le four à 190 °C.
2. Une fois le four chaud, y faire griller les noisettes environ 8 minutes (elles doivent être dorées sans brûler).
3. Ensuite, à l'aide d'un robot mixeur puissant, mixer les noisettes jusqu'à obtenir une crème presque liquide (il faut mixer longtemps).
4. Dénoyauter les dattes et les ajouter aux noisettes avec le cacao.
5. Mixer à nouveau jusqu'à ce que le mélange soit homogène.
6. Finalement, ajouter le lait végétal, petit à petit, tout en continuant de mixer jusqu'à obtenir une texture crémeuse et homogène (la pâte durcit légèrement au frigo).

CONSERVATION

Dans un pot hermétique, la confiture et la pâte à tartiner peuvent être conservées jusqu'à 7 jours au réfrigérateur.

Pain express en deux couleurs
Pâte à tartiner choco-noisette

Confiture de
fraise sans
sucre ajouté

Le déjeuner

Le repas de midi, surtout celui qu'on partage en famille le week-end, est un moment idéal pour passer du temps ensemble, apprendre à manger et découvrir de nouveaux aliments.

Mais ce moment peut parfois amener son lot de frustrations : un enfant qui refuse, sans même y goûter, un plat, qui trie le contenu de son assiette pour en retirer soigneusement le moindre bout vert *(ne vous en faites pas, nous avons les mêmes à la maison !)*, ou alors qui refuse directement de manger pour réclamer du pain 20 minutes plus tard...

Dans ce chapitre, nous vous aidons à faire face à ces petits défis du quotidien, et nous vous proposons également nos meilleures idées de plats conviviaux que vous pourrez préparer sans y passer toute la matinée.

QUELLES PORTIONS DONNER À MON ENFANT ?

Il existe une variabilité importante dans les besoins nutritionnels de chaque individu, et, comme pour la croissance du nourrisson, la courbe harmonieuse est le meilleur indicateur de l'adéquation entre les quantités consommées et les besoins de l'enfant.

En moyenne, entre 4 et 6 ans, la portion est d'environ la moitié de celle d'un adulte et entre 7 et 11 ans, elle augmente progressivement pour atteindre l'équivalent de celle d'un adulte.

Petite astuce

Utilisez les poings de l'enfant pour mesurer la portion qui lui correspond.

- Pour les légumes, les légumes secs et les féculents, la portion moyenne pour un enfant correspond au volume de ses deux poings.
- Pour le fruit, un poing est adapté.
- Pour la viande, la volaille et le poisson, vous pouvez vous repérez avec la paume de sa main.

Source : ObepPACA

Attention

Les régimes amaigrissants sont à proscrire chez les enfants. Un surpoids doit toujours être pris en charge par un professionnel de santé formé.

DÉCOUVRIR EN RIGOLANT

Pour oser mettre en bouche un aliment que l'on ne connaît pas encore, il faut beaucoup de courage. N'hésitez pas à évoquer cela avec votre enfant, rappelez-lui des moments où il a été très courageux et proposez-lui, avant le repas, d'enfiler son accessoire de superhéros.

Blog

Les besoins nutritionnels des enfants : guide de survie pour les parents

Découvrez quels sont les nutriments essentiels dans l'enfance, où les trouver et comment répondre aux besoins de nos enfants pour éviter les carences.

Pour lire l'article, positionnez l'appareil photo de votre téléphone sur ce QR code et laissez-vous guider.

L'IMPORTANCE DES REPAS EN FAMILLE

Manger à 18 h 30, on le sait, ce n'est pas toujours simple à mettre en place. Peut-être que vous tenez vraiment à prendre votre repas au calme en amoureux quand votre conjoint ou votre conjointe rentre du travail. Ou alors, c'est au niveau de l'organisation que ça coince, avec cet horaire-là… *Mais du coup, est-il vraiment utile de se démener pour tout ça ?*

Plusieurs études se sont penchées sur les bénéfices des repas familiaux.

Les résultats sont plutôt unanimes :

- pour la dimension psychosociale : diminution des troubles alimentaires, des comportements violents et de la dépression chez l'enfant, corrélation positive avec l'augmentation de la confiance en soi ;
- pour l'équilibre alimentaire : plus grande consommation de fruits et légumes, meilleures habitudes alimentaires. L'université d'Harvard a notamment démontré que les enfants qui mangent avec leurs parents ont deux fois plus de chance de manger leur part quotidienne de légumes, comparée aux enfants qui ne partagent pas le repas avec les parents.

Et les effets portent leurs fruits à long terme ; les jeunes adultes qui ont vécu des repas familiaux pendant l'adolescence mangent plus de fruits et légumes à l'âge adulte que ceux qui ont rarement partagé ce type de repas.

Pas de stress, dans un week-end il y a déjà 6 repas à partager ensemble. Alors, inutile de viser la perfection ! L'important, c'est de profiter de ces moments en famille, car ils sont bénéfiques pour tous.

Et si vous avez besoin d'astuces pour simplifier vos soirées et alléger votre charge mentale, faites un tour page 21, Sophie vous y livre ses meilleures astuces.

PÂTES À LA bolognaise végétale

4 personnes

30 minutes

Voilà notre recette chouchou pour remplacer la viande et ajouter des légumineuses dans l'alimentation de nos enfants ! Une sauce rapide à préparer, qu'on peut même congeler pour en avoir toujours une portion prête à être servie.

INGRÉDIENTS

- 2 gousses d'ail
- 1 oignon
- 2 carottes
- 200 g de lentilles blondes cuites
- 400 ml de coulis de tomate
- 2 c. à s. de concentré de tomate
- 1 c. à s. d'origan
- 400 g de pâtes au choix
- Feuilles de basilic et parmesan râpé pour servir
- Sel, poivre

1. Commencer par peler les légumes. Hacher l'oignon, presser l'ail et râper la carotte.
2. Dans une grande poêle, faire chauffer un peu de matière grasse. Ajouter les légumes et les faire dorer quelques minutes.
3. Pendant ce temps, rincer et égoutter les lentilles puis les ajouter au mélange de légumes. Saler, poivrer et ajouter le concentré de tomate. Bien mélanger.
4. Ensuite, ajouter le coulis de tomate et l'origan. Bien mélanger et laisser mijoter la sauce 15 à 20 minutes à feu moyen en remuant de temps en temps.
5. Finalement, cuire les pâtes dans un grand volume d'eau salée le temps indiqué sur l'emballage.
6. Une fois que la sauce a épaissi, retirer la poêle du feu.
7. Servir les pâtes avec la sauce, du parmesan râpé et quelques feuilles de basilic.

CONSERVATION

La sauce se conserve jusqu'à 3 jours au réfrigérateur dans un récipient hermétique, et peut même être congelée.

BOULETTES de poulet, quinoa et brocoli

🍴	4 personnes
🕒	30 minutes

INGRÉDIENTS

- 60 g de quinoa cru (ou 180 g de quinoa cuit)
- 1 oignon
- 80 g de fleurets de brocoli cru
- 400 g de blancs de poulet
- 1 c. à s. d'ail en poudre
- Sel, poivre

CONSERVATION

Les boulettes se conservent jusqu'à 3 jours au réfrigérateur dans un récipient hermétique, et peuvent même être congelées.

Ces mignonnes petites boulettes sont idéales pour offrir à vos enfants un plat à la fois délicieux et nutritif. Faciles à préparer, elles sont riches en protéines, en fibres et minéraux, parfaites pour un repas équilibré !

1. Commencer par rincer le quinoa et le faire cuire dans le double de son volume d'eau salée pendant 10 à 12 minutes.
2. Peler et laver les légumes, puis hacher l'oignon et le brocoli.
3. Dans une poêle, faire chauffer un peu de matière grasse et y dorer les légumes jusqu'à ce qu'ils soient tendres.
4. Pendant ce temps, découper le poulet en gros morceaux et le déposer dans le bol du mixeur avec l'ail en poudre, une pincée de sel et un peu de poivre. Mixer jusqu'à obtenir une pâte.
5. Ajouter les légumes et mixer à nouveau rapidement.
6. Une fois le quinoa cuit, l'égoutter et l'ajouter au mélange de poulet et de légumes. Mélanger à l'aide d'une spatule pour intégrer le quinoa à la pâte.
7. Faire chauffer un petit fond d'huile dans une grande poêle plate.
8. Former les boulettes à la main et les faire rissoler dans l'huile quelques minutes de chaque côté.
9. Pour vérifier que les boulettes sont bien cuites, en couper une en son milieu. Si le poulet à l'intérieur est blanc et non rosé, c'est cuit.

EMPANADAS
au maquereau et à la ratatouille

4 personnes

1 heure

INGRÉDIENTS

- ½ oignon
- 1 petit poivron rouge
- 1 petite courgette
- 1 c. à s. de concentré de tomate
- 200 ml de coulis de tomate
- 120 g de filets de maquereau en conserve (alternatives : sardine, thon, saumon)
- 2 rouleaux de pâte feuilletée rectangulaire
- 1 jaune d'œuf
- Sel, poivre

CONSERVATION

La pâte feuilletée perd son croustillant en la conservant au frigo, c'est pour cela que nous vous conseillons de consommer les empanadas le jour même.

Ces petites bouchées feuilletées sont l'une des recettes préférées de mes enfants et un excellent moyen de servir le maquereau, un petit poisson gras riche en oméga-3.

1. Commencer par peler et hacher l'oignon.
2. Laver le poivron, peler la courgette et les découper en petits dés.
3. Dans une poêle, faire chauffer un peu de matière grasse. Ajouter l'oignon et le faire dorer quelques minutes.
4. Ensuite, ajouter le poivron et la courgette et les cuire à feu moyen.
5. Quand les légumes commencent à être tendres, ajouter le concentré et le coulis de tomate. Saler, poivrer et bien mélanger. Laisser mijoter 15 à 20 minutes puis retirer du feu.
6. Ensuite, égoutter les filets de maquereau et les ajouter aux légumes.
7. Écraser le tout grossièrement à la fourchette et mélanger pour que le poisson soit bien intégré à la ratatouille.
8. Pour terminer, découper des cercles dans la pâte feuilletée à l'aide d'un verre ou d'un grand emporte-pièce rond.
9. Déposer une cuillère à soupe de farce au centre de chaque cercle puis fermer le cercle en deux pour former une demi-lune. À l'aide d'une fourchette, sceller les empanadas en écrasant les bords.
10. Déposer les empanadas sur une plaque recouverte de papier cuisson et les badigeonner du jaune d'œuf légèrement battu.
11. Cuire les empanadas 15 à 20 minutes à 180 °C, ou jusqu'à ce qu'elles aient une jolie couleur dorée.

“STEAK HACHÉ” veggie

4 personnes

15 minutes

INGRÉDIENTS

* 240 g de haricots rouges cuits
* 2 c. à s. de concentré de tomate
* 40 g de chapelure
* 1 c. à s. d'oignon en poudre
* 1 c. à c. de paprika doux
* Sel

CONSERVATION

Les steaks veggies se conservent jusqu'à 3 jours au réfrigérateur.

Cette recette est une parfaite alternative si vous cherchez à réduire la quantité de viande rouge dans l'alimentation de vos enfants ! En plus, elle permet d'intégrer les haricots rouges qui sont une excellente source de fer et de protéines végétales.

1. Commencer par rincer et égoutter les haricots.
2. Mixer ensemble les haricots, le concentré de tomate et les différentes épices.
3. Ensuite, ajouter la chapelure et mélanger.
4. Dans une poêle, faire chauffer un peu de matière grasse.
5. Former à la main des galettes avec la pâte et les dorer à la poêle quelques minutes de chaque côté.
6. Servir avec votre garniture préférée (ici : purée de pommes de terre).

COMMENT AUGMENTER LES APPORTS EN FIBRES AU QUOTIDIEN ?

Voici quelques idées :

* penser à servir des légumineuses au moins deux fois par semaine ;
* remplacer de temps en temps la confiture ou le beurre de vos tartines par de la purée de noisette ou d'amande ;
* proposer du pain complet grillé le matin ou au goûter ;
* préférer au maximum le fruit entier à la compote ;
* faire des recettes avec de la farine semi-complète, du riz complet ou des pâtes complètes : comme notre mac & cheese aux légumes (p. 150).

À noter que l'eau joue un rôle important dans la digestion des fibres et potentialise leur effet.

QUICHE FLEURIE aux asperges

🍴	4 personnes
🕐	1 heure

INGRÉDIENTS

POUR LA PÂTE BRISÉE EXPRESS

- 200 g de farine blanche (ou moitié farine blanche, moitié farine complète)
- 80 ml d'eau
- 60 ml d'huile d'olive
- Sel, poivre

POUR LE RESTE DE LA QUICHE

- 1 grosse c. à s. de farine
- 200 ml de lait
- 3 œufs
- 200 g de fromage râpé (gruyère, emmental, etc.)
- Une dizaine d'asperges vertes
- Une poignée de tomates cerises de différentes couleurs
- Sel, poivre, noix de muscade

La pâte brisée de cette quiche fait partie de nos recettes chouchou : elle est prête en moins de 5 minutes, avec rien que des bons ingrédients, et on peut la personnaliser en variant les farines et en y ajoutant des épices, par exemple.

COMMENCER PAR PRÉPARER LA PÂTE BRISÉE

1. Dans un saladier, verser la farine avec une pincée de sel et un peu de poivre.
2. Ajouter l'eau et l'huile d'olive puis mélanger la pâte, d'abord à la spatule, et ensuite à la main.
3. Quand la pâte est bien mélangée et homogène, former une boule et l'abaisser au rouleau.
4. Déposer la pâte dans un moule rond chemisé.

POUR LE RESTE DE LA QUICHE

5. Couvrir le fond de la quiche avec le fromage râpé.
6. Ensuite, dissoudre la cuillère à soupe de farine dans le lait.
7. Dans un bol, battre les œufs à la fourchette avec un peu de sel et de poivre.
8. Ajouter le mélange de lait et de farine et bien remuer.
9. Verser le mélange liquide sur la pâte.
10. Laver les légumes.
11. Retirer le pied dur des asperges et couper les tomates cerise en deux.
12. Décorer la quiche avec les légumes en formant des bouquets de fleurs, comme sur la photo.
13. Cuire la quiche 40 à 45 minutes au milieu du four à 180 °C (20 minutes pour la version mini-quiches individuelles).

CONSERVATION

La pâte brisée peut être préparée à l'avance et même congelée. La quiche, une fois cuite, se conserve jusqu'à 3 jours, couverte, au réfrigérateur.

RISOTTO
aux petits pois et à la courgette

🍴	4 personnes
🕒	25 minutes

INGRÉDIENTS

- 1 oignon
- 1 petite courgette
- 150 g de petits pois, frais ou surgelés
- 320 g de riz (variété arborio ou carnaroli)
- 800 ml de bouillon de légumes
- 40 g de parmesan râpé
- Sel, poivre

CONSERVATION

Le risotto peut être conservé jusqu'à 3 jours dans un récipient hermétique au réfrigérateur. Il peut également être congelé.

Que ce soit pour le repas de midi ou celui du soir, le risotto est un plat complet et rapide à préparer auquel on peut ajouter tout ce qui nous fait plaisir : différents légumes, du fromage, des dés de jambon ou même du poisson !

1. Commencer par préparer les légumes : peler et hacher l'oignon, laver ou peler la courgette et la découper en petits cubes, écosser les petits pois si besoin.
2. Dans une poêle, faire chauffer un peu de matière grasse puis y dorer l'oignon quelques minutes.
3. Ensuite, ajouter la courgette et les petits pois et sauter les légumes 2 à 3 minutes à feu vif.
4. Mettre sur feu moyen et verser le riz dans la casserole. Cuire le riz avec les légumes quelques instants jusqu'à ce qu'il devienne légèrement translucide.
5. Ensuite, mouiller avec une petite quantité de bouillon. Saler et poivrer.
6. Quand tout le liquide a été absorbé, ajouter à nouveau une ou deux louches de bouillon.
7. Répéter l'opération jusqu'à avoir utilisé tout le bouillon, ou jusqu'à ce que le riz soit tendre et fondant.
8. Enfin, retirer le risotto du feu et y ajouter le parmesan râpé avant de servir.

ASTUCE

Si vous ne trouvez pas de bouillon de légumes sous forme liquide, diluez un ou plusieurs cubes de bouillon dans 1 litre d'eau (en fonction de la quantité indiquée sur le paquet).

MINI-FRITTATAS
tomate, chèvre et épinards

4 personnes

30 minutes

INGRÉDIENTS

- 5 œufs
- 120 g de tomates cerise
- 30 g de feuilles d'épinards
- 50 g de bûche de chèvre
- Sel, poivre

CONSERVATION

Les mini-frittatas peuvent être conservées jusqu'à 3 jours dans un récipient hermétique au réfrigérateur.

Ces petites bouchées pleines de saveur peuvent être dégustées aussi bien pour le repas de midi que le soir, ou même au petit déjeuner.

1. Dans un saladier, casser les œufs et les battre au fouet avec un peu de sel et de poivre.
2. Laver les légumes, découper les tomates cerises en quatre et hacher grossièrement les épinards.
3. Ajouter les légumes aux œufs battus et bien mélanger.
4. Émietter le fromage de chèvre dans le mélange et remuer à nouveau.
5. Graisser des moules à muffins et les remplir à moitié avec le mélange.
6. Cuire les frittatas 20 minutes au milieu du four à 180 °C.
7. Pour une version maxi à la poêle, cuire 10 à 15 minutes à feu moyen et couvrir la frittata vers la fin de la cuisson.

PARMENTIER bicolore

4 personnes

45 minutes

INGRÉDIENTS

- 1 kg de pommes de terre
- 4 carottes
- 250 g de brocoli
- 1 poireau
- 1 oignon
- 500 g de viande hachée de bœuf
- 1 c. à s. de farine
- 300 ml de bouillon de légumes
- 100 ml de lait (ou alternative végétale)
- 30 g de beurre ou d'huile
- 40 g de fromage râpé
- Sel, poivre, noix de muscade

CONSERVATION

Ce plat peut être préparé à l'avance et conservé jusqu'à 3 jours au réfrigérateur.

Pour changer du traditionnel hachis parmentier, voici une version haute en couleur ! Un plat réconfortant que vous allez adorer partager en famille le week-end.

1. Commencer par laver, peler et découper grossièrement le brocoli, les carottes et les pommes de terre et les cuire à la vapeur ou dans un gros volume d'eau salée jusqu'à ce qu'ils soient tendres.
2. Pendant ce temps, peler l'oignon, laver le poireau et les hacher finement.
3. Dans une grande poêle, faire chauffer un peu de matière grasse et y rissoler la viande quelques minutes.
4. Quand la viande commence à prendre de la couleur, assaisonner avec un peu de sel et de poivre et ajouter l'oignon et le poireau.
5. Faire revenir le tout jusqu'à ce que les légumes soient tendres.
6. Ensuite, saupoudrer la viande et les légumes avec la farine et bien mélanger.
7. Mettre sur feu moyen et mouiller le contenu de la casserole avec le bouillon.
8. Laisser mijoter 15 à 20 minutes à couvert.
9. En parallèle, préparer les purées de couleurs : une fois les légumes cuits, mixer séparément le brocoli et la carotte pour obtenir des purées lisses.
10. Écraser les pommes de terre avec le lait, un peu de sel, du poivre et de la noix de muscade. Ajouter le beurre ou l'huile et bien mélanger pour obtenir une purée crémeuse.
11. Séparer la purée de pommes de terre en deux portions et mélanger chacune de ces portions avec une purée de légumes (carotte ou brocoli).
12. Une fois la cuisson de la viande terminée, la verser dans un plat à gratin (ou plusieurs petits ramequins).
13. Couvrir la viande avec les purées de différentes couleurs et saupoudrer le tout de fromage râpé.
14. Gratiner le parmentier 5 à 10 minutes à 220 °C.

MINI-BURGERS au saumon

4 personnes

30 minutes

INGRÉDIENTS

- ½ oignon
- 100 g de courgette
- 2 carottes
- 400 g de saumon frais
- 1 œuf
- 120 g de chapelure
- 1 c. à s. d'aneth
- Sel, poivre

POUR LA SAUCE

- 2 c. à s. de yaourt à la grecque nature
- 1 c. à s. d'huile d'olive
- 2 c. à s. de jus de citron
- 1 c. à c. d'aneth
- Sel

OPTIONNEL

- Pain à burger et garniture pour servir

Pour changer des burgers à la viande, voilà une version originale au poisson. À déguster avec les mains, bien sûr, comme les vrais !

1. Commencer par laver et peler les légumes, puis hacher l'oignon et découper les carottes et la courgette en fines rondelles.
2. Dans une poêle, avec un peu de matière grasse, faire dorer les légumes quelques minutes jusqu'à ce qu'ils soient tendres.
3. Pendant ce temps, retirer la peau du saumon et le découper en morceaux.
4. Déposer les légumes, le saumon et l'œuf dans le bol du mixeur et bien mixer pour obtenir une pâte.
5. Ensuite, ajouter l'aneth, saler, poivrer et ajouter également la chapelure. Bien mélanger le tout à l'aide d'une spatule.
6. Dans une poêle, faire chauffer un fond de matière grasse.
7. Former les mini-burgers à la main et les cuire à la poêle quelques minutes de chaque côté à feu moyen et à couvert.
8. Vérifier que l'intérieur des burgers est cuit avant de servir.
9. Pour la sauce, mélanger tous les ingrédients dans un bol.
10. Servir les burgers avec les petits pains et la sauce au yaourt.

CONSERVATION

Les mini-burgers, une fois cuits, se conservent jusqu'à 3 jours au réfrigérateur et peuvent même être congelés.

ASTUCE

Pour retirer plus facilement la peau du saumon, on peut le passer au micro-ondes 1 minute au préalable.

LE MENU enfant

Nuggets maison

4 personnes

20 minutes

INGRÉDIENTS

- 600 g de blancs de poulet
- 1 c. à s. d'oignon en poudre
- 1 c. à s. d'ail en poudre
- 50 g de fécule de maïs (Maïzena®)
- 50 g de farine blanche
- 1 c. à s. de paprika
- 100 ml d'eau
- Sel, poivre

Les nuggets, c'est le plat par excellence qu'on retrouve dans tous les menus enfant. Et pour cause : ils sont croustillants et on peut les manger avec les doigts, deux choses que nos petits adorent !

Voilà une version maison qui vous fera vous sentir comme au restaurant.

1. Commencer par découper le poulet en gros morceaux, puis le passer au mixeur avec l'ail et l'oignon en poudre, un peu de sel et de poivre.
2. Dans un bol, mélanger à la fourchette la fécule de maïs, la farine, l'eau et le paprika jusqu'à obtenir une pâte lisse.
3. Dans une poêle profonde, faire chauffer un bon fond d'huile.
4. Former les nuggets à la main et tremper chacun d'entre eux à l'aide d'une fourchette dans la pâte.
5. Une fois les nuggets couverts, les déposer dans l'huile chaude et laisser cuire jusqu'à ce qu'ils soient dorés des deux côtés.

« Frites » d'avocat et ketchup express

4 personnes

25 minutes

INGRÉDIENTS

- 2 avocats mûrs
- 2 œufs
- 100 g de parmesan râpé

Puisque les frites font souvent partie des plats préférés de nos enfants, profitons-en pour tester une version toute verte et plus nutritive grâce à l'avocat.

POUR LES FRITES :

1. Vider la chair des avocats dans un bol.
2. Ajouter le reste des ingrédients et bien mixer le tout pour obtenir une crème.
3. Remplir une poche à douille avec le mélange et former les frites en dessinant des lignes avec la pâte sur une plaque de cuisson chemisée.

INGRÉDIENTS

POUR LE KETCHUP :

- ★ 2 c. à s. de vinaigre balsamique
- ★ 1 c. à s. de miel
- ★ 2 c. à s. de concentré de tomate

4. Cuire les frites 15 minutes à 200 °C. Laisser tiédir quelques minutes pour qu'elles prennent de la consistance avant de les retirer de la plaque.

POUR LE KETCHUP :

1. Mélanger tous les ingrédients à la cuillère dans un petit bol.

Bâtonnets de poisson panés au quinoa

4 personnes

20 minutes

Les bâtonnets de poisson panés sont un plat auquel nous avons souvent recours pour aider nos enfants à manger du poisson quand ils n'en sont pas vraiment fans... Voilà une version originale, sans gluten, avec du quinoa pour les rendre encore plus croustillants.

INGRÉDIENTS

- ★ 100 g de quinoa cru (ou 300 g de quinoa cuit)
- ★ 50 g de parmesan râpé
- ★ 2 œufs
- ★ 400 g de pavé de poisson blanc à chair ferme (limande, merlan, lieu noir, aiglefin, etc.)
- ★ Sel, poivre

1. Commencer par rincer le quinoa et le faire cuire dans le double de son volume d'eau salée pendant 10 à 12 minutes.
2. Une fois que le quinoa est cuit, l'égoutter et l'étaler sur une plaque de cuisson.
3. Faire griller le quinoa au four environ 30 minutes à 220 °C en remuant les grains toutes les 10 minutes. Il faut que les grains de quinoa deviennent croustillants sans brûler.
4. Ensuite, sortir le quinoa du four et le déposer dans un bol. Quand le quinoa a un peu refroidi, émietter les graines à la main pour casser les grumeaux, puis ajouter le parmesan et bien mélanger.
5. Dans un autre bol, battre les œufs à la fourchette avec un peu de sel et de poivre.
6. Découper le poisson en bâtonnets puis tremper chaque bâtonnet dans l'œuf et ensuite dans le mélange de quinoa et parmesan avant de le déposer sur une plaque du four recouverte de papier cuisson.
7. Cuire les bâtonnets de poisson 10 à 15 minutes à 180 °C.

CONSERVATION

- Les nuggets cuits, les frites à l'avocat et le ketchup se conservent jusqu'à 3 jours au réfrigérateur.
- Avant de servir les nuggets, vous pouvez les dorer quelques minutes à la poêle pour qu'ils retrouvent leur croustillant.
- Les bâtonnets de poisson perdront leur croustillant s'ils sont conservés au réfrigérateur, il est donc préférable de les consommer sur le moment.

Nuggets maison
« Frites » d'avocat et ketchup express

Bâtonnets de
poisson panés
au quinoa

Le coin des défis

IL AIME UN JOUR ET N'AIME PAS LE LENDEMAIN, CELA ME REND CHÈVRE !

Votre enfant a beau avoir plusieurs aliments familiers dans son répertoire, cela ne veut pas dire qu'il les mangera à coup sûr quand vous les lui proposerez (ce serait trop simple, sinon...).

En effet, entre 18 mois et 5 ans, les goûts de nos enfants changent constamment et ils peuvent tout à fait refuser aujourd'hui ce qu'ils adoraient hier. Mais cela ne veut pas dire que ce sera le cas pour toujours !

Les enfants ont parfois des comportements qui peuvent ressembler, à nos yeux d'adultes, à des refus, mais qui font partie de la découverte, du cheminement :

- → regarder l'aliment mais ne pas le vouloir dans son assiette ;
- → observer ses parents le manger ;
- → avoir une portion dans son assiette mais ne pas la manger ;
- → mettre un morceau dans sa bouche et le cracher.

Après plusieurs repas et plusieurs expositions, l'aliment deviendra petit à petit familier :

- → il sera à l'aise avec le fait de l'avaler ;
- → il en mangera quelque fois mais pas tout le temps.

MON ENFANT REFUSE DE MANGER DES PLATS MÉLANGÉS, IL TRIE LES ALIMENTS...

Les plats mélangés représentent un challenge sensoriel. Tous les sens de votre enfant sont alors sollicités : la vue, le toucher, le son, l'odeur, le goût ou la proprioception (c'est la capacité, consciente ou inconsciente, du corps, à détecter ses actions, ses mouvements dans l'espace).

D'un point de vue oro-moteur, les textures mélangées sont les plus difficiles à mâcher. Prenons l'exemple d'une blanquette : la bouche doit gérer la sauce liquide, les carottes molles et la viande plus résistante. La langue et la mâchoire doivent s'adapter à chaque texture.

Pour accompagner votre enfant vous pouvez :

- → présenter le plat tel quel et lui offrir une portion à côté qu'il aura la possibilité de déconstruire ;
- → déconstruire une portion et lui servir. S'il a apprécié, servez-lui la deuxième portion mélangée en l'autorisant à la déconstruire.

Les repas « à construire » sont l'idéal pour les enfants, comme notre pizza arc-en-ciel (p. 154), nos wraps à la betterave (p. 200), ou encore nos burritos aux haricots (p. 170)

MON ENFANT REFUSE DE MANGER AUX REPAS OU MANGE TRÈS PEU, ET DEMANDE À GRIGNOTER 20 MINUTES PLUS TARD !

Le fait-il tous les jours ? Est-il malade ou fatigué ? Y a-t-il eu une modification dans sa journée ?

Si c'est exceptionnel, tout le monde a le droit à une seconde chance : dans ce cas-là, proposez-lui de se remettre à table, mais servez le plat que vous aviez présenté la première fois et pas autre chose.

Si la situation se répète très fréquemment, apprenez à votre enfant qu'il y a des heures pendant lesquelles la cuisine n'est pas « ouverte ».

Lorsque vous êtes à table, expliquez-lui qu'il n'est pas obligé de manger, mais qu'une fois le repas terminé, il n'y aura plus à manger jusqu'au goûter, par exemple. Si votre enfant sort de table sans manger, ne lui donnez rien jusqu'au prochain repas prévu. C'est difficile à entendre en tant que parents, mais en tenant ce comportement sur plusieurs jours vous devriez rapidement voir une amélioration.

Les desserts

«Je te préviens : pas de dessert tant que t'as pas fini tes légumes ! » Ça vous dit quelque chose ? Cette phrase, on l'a tous entendue dans notre enfance, et on est nombreux à l'avoir prononcée une fois parent.

Pourtant, elle interroge un certain nombre d'entre nous : *doit-on priver son enfant de sa compote parce qu'il refuse de manger ses épinards ? Le repas est-il équilibré sans dessert ? Comment intégrer la gourmandise dans une alimentation équilibrée ? Faut-il voir le dessert comme une récompense ?*

Loin d'être un simple bonus, le dessert peut jouer un rôle important dans l'éducation alimentaire, et dans le plaisir de manger. Pour autant, il reste difficile pour nous, parents, de trouver le bon équilibre.

C'est pour cette raison que nous aborderons, dans ce chapitre, les questions que les parents se posent fréquemment à ce moment du repas. Et bien sûr, nous vous proposerons des recettes aussi délicieuses qu'équilibrées !

Podcast

Une bonne relation à l'alimentation pour nos enfants

En tant que parents, une de nos missions est d'aider nos enfants à grandir en ayant un comportement alimentaire sain. *Mais comment faire dans la pratique ?*

Dans cet épisode, Nicolas da Silva, diététicien spécialisé en psychologie du comportement alimentaire (@whynotchange__), nous indique ce que nous pouvons mettre en place et ce qu'il faut éviter pour que nos enfants aient une bonne relation avec la nourriture.

Écouter l'épisode

SERVIR LE DESSERT EN MÊME TEMPS QUE LE PLAT, POUR QUOI FAIRE ?

Cette idée peut sembler contradictoire pour notre génération. Elle a pourtant un grand atout : démystifier le dessert[1] et le ramener au même niveau que le reste des aliments.

1. Dans ce cadre le mot « dessert » inclut : le yaourt, les laitages, les fruits, les compotes et, occasionnellement, les desserts lactés chocolatés ou les pâtisseries.

Voici quelques résultats d'études pour vous éclairer :

- les enfants dont les parents restreignent l'accès au dessert mangent plus de produits « non sains » (Fisher J. et Birch L., « Eating in the absence of hunger and overweight in girls from 5 to 7 y of age », *in The American journal of clinical nutrition*, 76 :226-31, 2002.) ;
- restreindre les sucreries réduit leur consommation à court terme, mais augmente l'obsession à long terme (Ogden et al., 2013) ;
- les enfants mangent moins de dessert lorsqu'il est servi pendant le repas plutôt qu'après (Jacquier E. et Eldridge A, « Eating Dessert Foods : Behavioral Patterns in American Children », in *The Faseb Journal*).

Au début, votre enfant se jettera peut-être sur le dessert, surtout si c'est une nouvelle méthode. Progressivement, en réalisant qu'il a toujours accès aux aliments qu'il aime, il explorera plus volontiers les autres aliments. Qui sait, peut-être qu'il finira par apprécier les haricots verts en les trempant dans la compote au préalable ?

DÉCOUVRIR EN RIGOLANT

Jouez au jeu des bouchées d'animaux : d'abord, on croque comme une petite souris, puis comme un lion, et maintenant, on mâche comme la vache.

SI VOTRE ENFANT VOUS REDEMANDE DU DESSERT, MAIS NE TOUCHE PAS AU RESTE

La littérature suggère de ne placer sur la table/dans l'assiette qu'une seule portion de « dessert » pour chaque membre de la famille, pas de deuxième portion. De cette manière, l'enfant décide s'il la mange au début, en même temps que le repas, ou à la fin de celui-ci, mais vous restez responsable de l'exposition. Soyez constant et votre enfant intégrera rapidement cette règle.

MON ENFANT REFUSE DE MANGER SON PLAT, EST-CE QUE JE LUI SERS SON DESSERT ?

Il est essentiel de placer le dessert sur un pied d'égalité avec les autres éléments du repas. Si votre enfant ne mange pas, **il est important de lui servir quand même son dessert** (yaourt, fruit, compote, ou même une petite douceur).

Pour appliquer cette approche, gardez en tête ces deux éléments :

- servez-lui le dessert initialement prévu sans faire de commentaire particulier. Adoptez une « fausse indifférence » pour ne pas accentuer le fait qu'il n'a pas mangé le reste du repas ;
- n'ajustez pas la quantité de dessert à celle du plat principal consommé. Évitez de lui donner par exemple trois compotes parce que vous avez peur qu'il ait le ventre vide.

BROCHETTES de fruits et sauce au chocolat

8 brochettes	10 minutes

Puisque nos enfants sont très souvent fans de la « trempette », voilà une version sucrée qui permettra même aux plus sceptiques de découvrir différents fruits grâce à notre sauce au chocolat crémeuse.

INGRÉDIENTS

* 8 fraises
* 1 mandarine
* 2 rondelles d'ananas
* 2 tranches de kiwi
* 8 myrtilles
* 80 g de yaourt à la grecque nature
* 1 c. à s. de pâte à tartiner (voir recette p. 51)

OPTIONNEL

* Vermicelles de couleur pour décorer

1. Commencer par laver et peler les fruits.
2. Découper les rondelles de kiwi et d'ananas en quatre.
3. Séparer huit quartiers de mandarine.
4. Pour découper les fraises en forme de « cœur », réaliser une entaille au couteau en forme de triangle à la hauteur des feuilles.
5. Ensuite, embrocher un fruit de chaque sur chaque pique à brochette.
6. Pour la sauce, verser le yaourt dans un bol.
7. Ajouter la pâte à tartiner et bien remuer jusqu'à ce que les deux soient totalement mélangés. Saupoudrer de vermicelles de couleur.

CONSERVATION

Pour que les fruits restent frais et agréables à consommer, nous vous conseillons de les déguster dans la journée.

La sauce au chocolat, elle, peut être conservée jusqu'à 3 jours au réfrigérateur.

CAKE MARBRÉ
au potiron

	1 cake
	1 heure

INGRÉDIENTS

- 400 g de potiron cuit
- 100 g de beurre à température ambiante
- 90 g de sucre blanc
- 1 pincée de sel
- 2 œufs
- 1 sachet de levure chimique
- 220 g de farine blanche
- 120 g de chocolat noir pâtissier
- Beurre pour le moule

CONSERVATION

Le cake peut être conservé jusqu'à 3 jours au réfrigérateur, et peut même être tranché et congelé.

Du potiron dans le marbré qu'on adore tous ? Oui, c'est possible, et ce légume lui apporte une délicieuse touche de douceur, en plus d'une jolie couleur orangée !

1. Commencer par mixer le potiron cuit pour en faire une purée lisse.
2. Dans un saladier, battre le beurre au fouet avec le sucre et le sel.
3. Ajouter les œufs et la purée de potiron, bien mélanger.
4. Ensuite, ajouter la farine et la levure et mélanger au fouet jusqu'à obtenir une pâte lisse. Verser la moitié de la pâte dans un autre bol.
5. Concasser le chocolat et le faire fondre au bain-marie.
6. Quand le chocolat a fondu, l'ajouter à une des portions de pâte et bien mélanger.
7. Beurrer le moule à cake, y déposer une fine couche de pâte nature, puis ajouter le reste de la pâte en alternant les couches chocolat et nature jusqu'à utiliser la totalité des deux préparations.
8. À l'aide d'un couteau, réaliser des vagues de haut en bas dans la pâte pour faire un joli marbré puis enfourner le cake à 180 °C pendant 50 minutes.

CRÈMES DESSERT au chocolat

8 petits pots	10 minutes

INGRÉDIENTS

- 800 ml de lait
- 50 g de fécule de maïs (Maïzena®)
- 100 g de chocolat noir
- 2 c. à s. de sucre brun

CONSERVATION

Les crèmes dessert se conservent jusqu'à 3 jours au réfrigérateur.

Si votre enfant raffole des crèmes dessert au chocolat, voilà une alternative maison qui va sûrement lui plaire ! Ces petits pots de crème contiennent moins de sucre et d'ingrédients superflus que ceux du commerce, et ils n'en sont pas moins délicieux.

1. Commencer par diluer la fécule de maïs dans le lait froid.
2. Dans une petite casserole, ajouter tous les ingrédients et cuire à feu moyen sans cesser de remuer.
3. Quand le chocolat a fondu, monter légèrement le feu.
4. Une fois que le mélange commence à épaissir, sortir la casserole du feu et continuer à remuer quelques instants.
5. Verser la crème dans les pots et laisser refroidir quelques minutes au réfrigérateur avant de déguster.

COMBIEN DE FOIS PAR SEMAINE JE PEUX DONNER UN DESSERT SPÉCIAL ?

Au quotidien nous vous recommandons de proposer à votre enfant après son repas un laitage (yaourt, fromage, verre de lait) et/ou un fruit. Les produits de type desserts lactés au chocolat, crème dessert, mousse au chocolat ou gâteaux doivent rester de l'ordre de l'exceptionnel. Si vous avez besoin d'une formule pour vous repérer : **une fois par semaine maximum dans l'idéal.**

GLACES aux fruits

6 à 8 petites glaces

5 minutes + repos

Quoi de mieux qu'une glace bien fraîche pour terminer le repas quand il fait chaud en été ? Ici, nous adorons ces petites glaces peu sucrées aux fruits.

INGRÉDIENTS

* 200 g de fruits en morceaux (fraise et mangue, ici)
* 4 c. à s. de yaourt nature
* 1 c. à s. de miel

1. Commencer par laver et peler les fruits et les découper en morceaux.
2. Dans le bol du mixeur, déposer tous les ingrédients et mixer jusqu'à obtenir une texture lisse.
3. Verser la préparation dans les moules à glaces et laisser durcir 3 heures minimum au congélateur.

CONSERVATION

Les glaces peuvent être conservées jusqu'à 3 mois au congélateur.

ASTUCE

Vous n'avez pas de moules à glace ? Pas de panique, vous pouvez utiliser des petits pots de yaourt et y planter une cuillère à café.

LA VITAMINE C CHEZ LES ENFANTS

Une règle à retenir pour couvrir les besoins de nos enfants : proposer un fruit frais ou une crudité à chaque repas. Pas d'inquiétude, les apports en vitamine C sont facilement couverts.

Besoins en vitamine C des enfants

* 1 à 3 ans : 20 mg
* 4 à 6 ans : 30 mg
* 7 à 10 ans : 45 mg

Sources de vitamine C couvrant 20 mg

* 50 g d'orange
* 25 g de kiwi
* 10 g de persil frais
* 40 g de fraises
* 20 g de poivron cuit
* 100 g de brocoli cuit

Top 5 des fruits et légumes riches en vitamine C

* Poivron rouge
* Brocoli
* Fruits rouges
* Kiwi
* Chou

Et pour les enfants les plus sélectifs qui refuseraient fruits et légumes, n'hésitez pas à proposer des smoothies ou des crupotes (fruits crus mûrs mixés). Certains produits du commerce sont également enrichis en vitamine C.

NICE CREAM
à la vanille

6 à 8 petites glaces

5 minutes + repos

Seulement deux ingrédients et 5 minutes de préparation pour un délicieux dessert sain et rafraîchissant ! Vous pouvez remplacer la vanille par d'autres saveurs de votre choix : cacao en poudre, beurre de cacahuète, cannelle, etc.

INGRÉDIENTS

* 4 bananes bien mûres
* 1 gousse de vanille

1. La veille au soir, peler les bananes et les découper en rondelles, puis les placer au congélateur dans un récipient adapté.
2. Le lendemain, déposer les rondelles de banane surgelées dans le bol du mixeur.
3. Vider la gousse de vanille et ajouter les graines dans le mixeur, puis bien mixer jusqu'à obtenir une glace crémeuse.
4. Servir rapidement avant que la glace ne fonde.

CONSERVATION

Cette glace fond vite et ne peut pas être congelée à nouveau, il faut donc la consommer sur le moment.

ASTUCE

On peut faire des « glaces » express avec pratiquement n'importe quel fruit surgelé.

FONDANTS choco-courgette

8 petits fondants

30 minutes

Qui a dit que les légumes ne pouvaient pas se glisser dans les desserts et les goûters ? La courgette passe presque inaperçue dans ces petits fondants, mais elle est bel et bien là pour aider nos enfants à voir que les légumes, ça peut aussi être gourmand et amusant !

INGRÉDIENTS

- 120 g de courgette
- 100 g de chocolat noir pâtissier
- 15 g de beurre
- 60 g de farine blanche
- 20 g de sucre
- 2 œufs

1. Commencer par laver, peler et râper la courgette. À l'aide d'un torchon propre, essorer la courgette pour en retirer le maximum de liquide.
2. Dans une petite casserole, faire fondre le chocolat concassé avec le beurre.
3. Pendant ce temps, mélanger la farine et le sucre dans un saladier.
4. Ajouter le chocolat fondu, la courgette râpée et les œufs et bien mélanger au fouet.
5. Verser le mélange dans des petits moules (beurrés si besoin) et enfourner à 180 °C pendant 15 minutes.
6. Pour savoir si les fondants sont assez cuits, y planter la pointe d'un couteau. Si celle-ci ressort propre, alors c'est cuit.

CONSERVATION

Les fondants se conservent jusqu'à 3 jours au réfrigérateur et peuvent même être congelés.

PETITS-SUISSES aux fruits

8 petits-suisses

5 minutes + repos

INGRÉDIENTS

- 300 g de fruits frais (banane, fraise ou abricot)
- 300 g de fromage type Philadelphia®
- 3 c. à s. de miel
- 80 ml de crème liquide pour la version à l'abricot

CONSERVATION

Les petits-suisses se conservent jusqu'à 3 jours au réfrigérateur, couverts.

Votre enfant adore terminer son repas avec un yaourt aux fruits ? Alors il va adorer cette version maison ultra-crémeuse que vous allez même pouvoir préparer ensemble !

1. Commencer par peler ou laver les fruits et les découper en morceaux.
2. Déposer tous les ingrédients dans le bol du mixeur et mixer jusqu'à obtenir une texture lisse.
3. Verser le mélange dans des petits pots et laisser prendre consistance 2 heures au réfrigérateur avant de servir.

BANANA BREAD
façon carrot cake

4 à 6 personnes

1 heure

On connaît tous le célèbre *banana bread* qui nous permet d'écouler nos bananes trop mûres ! Mais dans ce livre, nous vous proposons un petit twist pour le transformer en un délicieux gâteau façon *carrot cake*.

INGRÉDIENTS

POUR LE GÂTEAU :

- 3 bananes bien mûres
- 2 œufs
- 125 g de farine complète
- 1 sachet de levure chimique
- 80 ml d'huile d'olive
- 1 c. à s. de mélange quatre-épices
- 1 pincée de sel
- 3 carottes râpées

POUR LE GLAÇAGE :

- 150 g de fromage type Philadelphia®
- 2 c. à s. de miel
- 1 pincée de poudre de vanille
- 2 c. à s. d'éclats de noix

1. Dans un saladier, écraser les bananes à la fourchette.
2. Ajouter les œufs, l'huile, le sel et le mélange quatre-épices et bien mélanger.
3. Ajouter ensuite la farine et la levure.
4. Peler et râper les carottes et les ajouter à la pâte. Bien mélanger à nouveau.
5. Verser la pâte dans un moule à gâteau beurré et enfourner 45 à 50 minutes à 180 °C.
6. Ensuite, préparer le glaçage en battant au fouet le Philadelphia® avec le miel et la vanille.
7. Une fois que le gâteau est cuit, laisser refroidir, puis décorer avec le glaçage et les éclats de noix.

LES OMÉGA-3 DANS L'ALIMENTATION DES ENFANTS

Voici 3 conseils pour couvrir les besoins de votre enfant :

- proposez régulièrement des oléagineux (noix, noisettes, amandes) sous forme de poudre ou de purée jusqu'à 6 ans.
- servez 2 portions de poisson par semaine dont une portion de poisson gras (privilégier les petits poissons type maquereau, sardine). Si votre enfant ne consomme aucun poisson, une supplémentation en oméga-3 peut être envisagée. Parlez-en à votre diététicien pédiatrique ;
- utilisez les huiles végétales (colza, noix ou olive) tous les jours dans l'alimentation. Variez les huiles : olive pour la cuisson et colza ou noix pour l'assaisonnement après cuisson ;
- proposez régulièrement des oléagineux (noix, noisettes, amandes) : sous forme de poudre ou de purée jusqu'à 6 ans.

COMPOTES de fruits et de légumes

4 personnes

30 minutes

Trop pratiques, les compotes pour consommer plus de fruits, que ce soit en dessert ou au goûter ! Pour changer de la traditionnelle compote de pomme, on vous propose 3 versions en couleur avec en plus des légumes à l'intérieur !

INGRÉDIENTS

COMPOTE JAUNE

* 2 pommes
* 1 poire
* 200 g de courgette

COMPOTE ORANGE

* 120 g de patate douce
* 3 poires
* 1 banane

COMPOTE ROUGE

* 4 pommes
* 100 g de betterave
* 400 g de fraises
* 2 c. à s. de miel

1. Commencer par laver, peler et découper les fruits et légumes puis les cuire à la vapeur jusqu'à ce qu'ils soient tendres.
2. Ensuite, déposer tous les ingrédients dans le bol du mixeur et mixer jusqu'à obtenir une compote lisse. Si besoin, ajouter une à deux cuillères d'eau de cuisson.

CONSERVATION

Les compotes se conservent jusqu'à 3 jours au réfrigérateur. Pour les congeler, vous pouvez remplir des petits moules à muffins avec la compote et ainsi les conserver en portions.

TARTELETTES au granola

LES DESSERTS FRUITÉS

8 à 10 tartelettes

20 minutes

Pour terminer le repas avec une petite touche sucrée, voilà des mini-tartelettes à décorer selon les envies du moment. Elles sont également une excellente option à proposer au petit déjeuner.

INGRÉDIENTS

POUR LES TARTELETTES :

- 80 g de flocons d'avoine
- 60 g de beurre de cacahuète (alternative : environ 80 g de banane écrasée)
- 4 c. à s. de miel

POUR GARNIR :

- Du yaourt nature ou aux fruits
- Des morceaux de fruits au choix

1. Dans un saladier, mélanger à la main tous les ingrédients de la pâte à tartelette.
2. Graisser des petits moules à muffins et déposer une cuillère de pâte dans chacun des moules.
3. À l'aide d'une petite cuillère, faire un creux dans la pâte pour donner forme aux tartelettes.
4. Enfourner 12 à 15 minutes à 180 °C (les tartelettes doivent prendre une couleur dorée).
5. Ensuite, laisser refroidir les fonds de tartelettes, puis les garnir avec le yaourt nature et les fruits en morceaux.

CONSERVATION

Une fois garnies, les tartelettes sont à consommer sur le moment. Cependant, les fonds de tartelettes tous seuls peuvent être conservés jusqu'à 3 jours dans un récipient hermétique.

CLAFOUTIS chocolat et framboise

LES DESSERTS FRUITÉS

Portions	8 petits clafoutis ou un grand
Temps	20 minutes

INGRÉDIENTS

- ★ 4 œufs
- ★ 100 g de farine blanche
- ★ 20 g de miel
- ★ 80 ml de lait (ou alternative végétale)
- ★ 2 c. à s. de cacao non sucré
- ★ 150 g de framboises
- ★ Beurre pour le moule

CONSERVATION

Le clafoutis se conserve jusqu'à 3 jours au réfrigérateur.

Faciles à préparer, ces petits clafoutis au chocolat auront sûrement un grand succès aux repas de famille ! Pour varier et selon la saison, vous pouvez remplacer les framboises par des cerises, de la pêche ou des abricots.

1. Dans un saladier, battre rapidement les œufs au fouet.
2. Ajouter la farine, le miel, le cacao et le lait et bien mélanger.
3. Répartir les framboises dans des petits ramequins beurrés puis les couvrir avec la pâte au cacao.
4. Enfourner à 180 °C pendant 12 minutes (25 minutes pour un seul grand clafoutis).

VERRINES aux fruits et au yaourt

LES DESSERTS FRUITÉS

4 à 6 verrines

5 minutes

INGRÉDIENTS

- 300 g de yaourt nature
- 60 g de granola (voir recette p. 40)
- 1 banane
- 80 g de fraises

CONSERVATION

Les verrines doivent être consommées sur le moment, car le granola perd son croustillant au contact du yaourt.

Pour un dessert rapide mais également complet et gourmand, ces petites verrines sont l'option idéale ! À vous de faire travailler votre imagination pour y ajouter d'autres fruits et saveurs, et ainsi varier les plaisirs !

1. Commencer par peler la banane et laver les fraises, puis les découper en morceaux.
2. Monter les verrines en y déposant d'abord une couche de yaourt, puis des morceaux de fruits et un peu de granola.
3. Répéter les couches une seconde fois dans cet ordre-là.

Le goûter

Le goûter à beau être le repas préféré de nos enfants, pour nous, parents, il peut vite devenir un vrai casse-tête à préparer… surtout à 8 heures du mat' quand on doit vite partir à l'école!

Que proposer pour qu'il soit équilibré? Comment faire pour ne pas abuser des produits trop sucrés alors qu'il n'y a que ça dans les supermarchés!? Et si je n'ai pas le temps de faire mes goûters maison, c'est vraiment la fin du monde???

Pas de panique, dans ce chapitre nous vous aidons à surfer sur la vague du goûter en toute tranquillité pour qu'il redevienne exactement comme on l'imagine: un repas pratique, nourrissant et gourmand, à déguster à la maison ou en vadrouille.

Vous avez le temps de préparer vos goûters maison? Parfait, nous vous proposons de délicieuses recettes peu sucrées et simples à préparer et à transporter!

La pâtisserie maison, ce n'est pas votre truc? Nous vous aidons à choisir les meilleures options industrielles et vous donnons des idées de boîtes à goûter que vous ne mettrez pas des heures à préparer!

Podcast

Gérer le sucre dans l'alimentation des bébés et des enfants

Ah, le sucre! On l'adore autant qu'il nous fait peur, surtout quand il s'agit de laisser nos enfants en manger…

Dans cet épisode, nous vous aidons à savoir comment éviter que votre enfant ne consomme trop de sucre, et nous vous donnons des astuces pour en diminuer la quantité dans les assiettes et les boîtes à goûter.

Écouter l'épisode

COMMENT JE COMPOSE UN GOÛTER ÉQUILIBRÉ POUR MON ENFANT?

Il y a une structure type à garder à l'esprit. Elle diffère un peu selon les âges, mais est très claire et assez facile à respecter.

Entre 1 an et 3 ans:

- du lait (maternel, infantile ou un autre produit laitier);
- un fruit ou une compote;
- un complément céréalier idéalement non sucré.

Pour les enfants scolarisés :

- ★ une boisson (eau ou lait) ;
- ★ deux des trois éléments ci-après : aliment céréalier (muffin, pain…), produit laitier, fruit.

Entre les recommandations et la réalité, quelque fois, ça coince. Comment mettre un produit laitier si la boîte à goûter n'est pas conservée au frais ? Pas de panique, il est tout à fait possible de couvrir les besoins de votre enfant sur les autres repas de la journée. Soyez attentif sur la quantité de sucre contenu dans les yaourts à boire (avec la fameuse mention « 8 heures hors du réfrigérateur »), bien souvent, une bouteille représente à elle seule 2 cuillères à café de sucre (voir page 144 pour les quantités journalières recommandées).

NOS 4 RÈGLES D'OR POUR UN GOÛTER ÉQUILIBRÉ

- → **Inclure des fruits et des légumes dès que vous le pouvez** : privilégiez au maximum des fruits frais entiers (par rapport à la compote) pour leur richesse en fibres, vitamines et minéraux : clémentine, banane, raisin se transportent très bien.
- → **Choisir des produits céréaliers non sucrés** : le pain (complet, aux céréales, de seigle, au maïs…) est une excellente source de glucides qui fournit une énergie durable. Vous pouvez aussi proposer, si vous avez le temps : des crêpes, pancakes, muffins ou gâteaux maison. Si vous manquez de temps, optez au supermarché pour des muffins complets, du pain de mie complet ou aux céréales sans sucres ajoutés, des biscuits secs (type petit beurre). Réservez les biscuits fourrés au chocolat, les goûters moelleux et gras (madeleines & co) ou les viennoiseries pour des occasions limitées dans la semaine (idéalement pas plus d'une fois/semaine).
- → **Incorporer des lipides et des protéines** : les protéines et les lipides aident à maintenir la satiété. Optez pour du yaourt à la grecque, du fromage ou encore des purées d'oléagineux (purée de noisette, purée d'amandes…).
- → **Limiter les sucres ajoutés** : pour faire votre choix au supermarché, pensez à retourner le paquet et à consulter l'étiquette nutritionnelle (rendez-vous page 19 pour des conseils sur la lecture des étiquettes). Optez pour les produits avec le plus de fibres, de protéines et le moins de sucres ajoutés ou de matières grasses.

DÉCOUVRIR EN RIGOLANT

Donnez vie aux aliments : les framboises deviennent des petits chapeaux pour les doigts, le brocoli un arbre à planter dans la purée, et les bâtonnets de carottes font de super dents de morse !

Avec les aliments croquants, faites un concours de celui qui fera le plus de bruit.

MUFFINS MAGIQUES

sans sucre ni œufs

≈ 12 petits muffins	
20 minutes	

Voilà notre recette incontournable du goûter : des petits muffins peu sucrés qu'on peut personnaliser avec les saveurs préférées de nos enfants ! Pour varier les saveurs, ajouter, à la place du chocolat, des morceaux de fruits, des myrtilles, de la cannelle, etc.

INGRÉDIENTS

- 200 g de compote de pomme sans sucre ajouté
- 200 g de farine blanche
- 40 ml d'huile d'olive
- 100 ml de lait (ou alternative végétale)
- 1 sachet de levure chimique

POUR LA VERSION CHOCO

- 1 c. à s. de cacao non sucré

POUR LA VERSION PÉPITES

- 40 g de pépites de chocolat

1. Dans un saladier, mélanger la farine et la levure.
2. Ajouter la compote, l'huile et le lait et bien mélanger au fouet jusqu'à obtenir un mélange crémeux et uniforme.
3. Ajouter les saveurs choisies (ici, respectivement cacao en poudre non sucré et pépites de chocolat) et bien mélanger pour les intégrer à la pâte.
4. Verser le mélange dans des moules à muffins en silicone ou des moules classiques beurrés ou huilés, en remplissant les moules aux ¾ de la hauteur.
5. Cuire les muffins 12 à 15 minutes à 180 °C.

CONSERVATION

Une fois cuits, les muffins se conservent jusqu'à 3 jours au réfrigérateur, dans un récipient hermétique. Ils peuvent également être congelés ; il suffira de les laisser décongeler une nuit au réfrigérateur avant de servir.

ASTUCE

Si votre enfant est habitué aux saveurs très sucrées des produits du commerce, n'hésitez pas à ajouter une ou plusieurs cuillerées de miel. Vous pourrez progressivement réduire la quantité à mesure (on se déshabitue en douceur).

COOKIES avoine-chocolat

≈ 8 gros cookies

30 minutes

Pour changer des traditionnels cookies aux pépites de chocolat, nous adorons cette version avec des flocons d'avoine qui apportent une touche de nutrition au goûter.

INGRÉDIENTS

- 80 g de beurre à température ambiante
- 80 g de sucre
- 1 c. à c. d'extrait de vanille
- 1 œuf
- 100 g de farine blanche
- 140 g de flocons d'avoine
- 1 c. à c. de bicarbonate
- 40 g de pépites de chocolat

1. Dans un saladier, fouetter ensemble le beurre mou avec le sucre et l'essence de vanille.
2. Ajouter l'œuf et battre jusqu'à ce que le mélange blanchisse légèrement.
3. Dans un bol, mélanger la farine, les flocons d'avoine et le bicarbonate.
4. Assembler les deux préparations, ajouter les pépites de chocolat et mélanger pour bien intégrer.
5. Sur une plaque chemisée, déposer de petites boules de pâte et les aplatir légèrement.
6. Cuire les cookies au milieu du four à 180 °C pendant 10 minutes.

CONSERVATION

Une fois cuits, les cookies se conservent jusqu'à 4 jours dans un endroit sec et dans un récipient hermétique. Ils peuvent également être congelés ; il suffira de les laisser décongeler une nuit au réfrigérateur avant de les consommer.

BARRES de céréales maison

Portions	12 barres
Temps	30 minutes

Ces petites barres «à-emporter-partout» sont une option idéale à glisser dans la boîte à goûter de votre enfant.

INGRÉDIENTS

- ★ 2 bananes bien mûres
- ★ 1 œuf
- ★ 60 g de coco râpée
- ★ 100 g de flocons d'avoine
- ★ 40 g de chocolat noir
- ★ 20 g de noisettes concassées

1. Commencer par peler les bananes et les écraser à la fourchette dans un saladier.
2. Ajouter l'œuf, la noix de coco et les flocons d'avoine. Bien mélanger.
3. Concasser le chocolat en petits morceaux, l'ajouter au mélange en même temps que les noisettes.
4. Étaler le mélange sur une plaque de cuisson chemisée en essayant de lui donner la forme d'un rectangle d'environ 1 cm d'épaisseur.
5. Enfourner 15 minutes à 180 °C.
6. Sortir la plaque du four, découper la pâte en forme de barres et cuire encore 10 minutes.
7. Une fois les barres sorties du four, les laisser refroidir pour qu'elles durcissent, puis les découper à nouveau pour les séparer s'il le faut.

CONSERVATION

Une fois cuites, les barres de céréales maison se conservent jusqu'à 3 jours dans un récipient hermétique au réfrigérateur. Elles peuvent également être congelées ; il suffira de les laisser décongeler une nuit au réfrigérateur avant de les consommer.

ASTUCE

Variez les saveurs en ajoutant des éclats de noix, noisettes ou amandes, des fruits secs en petits morceaux (abricots, raisins secs, pruneaux, etc.) ou des épices comme la cannelle.

LES SANDWICHS du goûter

1 sandwich	5 minutes

Les petits sandwichs sont l'une des options les plus rapides à préparer pour le goûter ! N'ayez pas peur de proposer du salé à votre enfant au goûter, cela permettra de réduire facilement la quantité de sucre présente à ce repas, et de varier les plaisirs.

CONSERVATION

Nous vous conseillons de consommer ces sandwichs le jour même de la préparation et de ne pas les conserver plus longtemps.

Option 1

INGRÉDIENTS

* 2 tranches de pain au choix
* 2 c. à s. de houmous

1. Tartiner le houmous sur une tranche de pain.
2. Déposer la seconde tranche de pain par-dessus.
3. Découper le sandwich en deux si besoin.

Option 2

INGRÉDIENTS

* 2 tranches de pain au choix
* 1 c. à s. de beurre de cacahuète
* 1 c. à s. de confiture au choix (retrouvez notre recette de confiture maison p. 51)

1. Commencer par étaler le beurre de cacahuète sur les deux tranches de pain.
2. Couvrir une des tranches de confiture, puis déposer la seconde tranche de pain par-dessus.
3. Découper le sandwich en deux si besoin.

Option 3

INGRÉDIENTS

- ★ 2 tranches de pain au choix
- ★ 2 c. à s. de pâte à tartiner choco-noisette (retrouvez notre version de la pâte à tartiner maison p. 51)
- ★ 1/2 banane

1. Commencer par étaler la pâte à tartiner sur les deux tranches de pain.
2. Couvrir une des tranches avec les rondelles de banane, puis déposer la seconde tranche de pain par-dessus.
3. Découper le sandwich en deux si besoin.

Option 4

INGRÉDIENTS

- ★ 2 tranches de pain au choix
- ★ 2 c. à s. de fromage à tartiner
- ★ 6 rondelles de concombre

1. Commencer par étaler le fromage à tartiner sur les deux tranches de pain.
2. Couvrir une des tranches avec les rondelles de concombre, puis déposer la seconde tranche de pain par-dessus.
3. Découper le sandwich en deux si besoin.

COOKIES aux pois chiches

15 cookies

30 minutes + repos

Aviez-vous déjà pensé aux légumineuses pour le goûter ? Cette recette va vous surprendre : la consistance particulière des pois chiches vous permettra de réaliser ces cookies moelleux sans œufs ni farine, mais avec un bon goût de brownie fondant.

INGRÉDIENTS

* 12 dattes dénoyautées
* 400 g de pois chiches cuits
* 3 c. à s. de cacao non sucré
* 2 c. à s. de beurre de cacahuète (ou autre purée d'oléagineux)
* 1 sachet de levure chimique
* 40 g de pépites de chocolat (ou chocolat concassé)

1. Commencer par faire tremper les dattes dans un bol d'eau tiède pendant 10 minutes pour les ramollir.
2. Pendant ce temps, rincer les pois chiches.
3. Une fois les dattes hydratées, les déposer dans le bol du mixeur avec tous les autres ingrédients, sauf les pépites de chocolat.
4. Mixer jusqu'à obtenir une pâte homogène.
5. Ajouter les pépites de chocolat et remuer doucement à l'aide d'une spatule pour bien les intégrer à la pâte.
6. Sur une plaque chemisée, déposer de petits tas de pâte et les aplatir légèrement (c'est normal que la pâte soit collante).
7. Cuire les cookies au milieu du four 20 minutes à 180 °C.
8. Laisser refroidir avant de déguster pour qu'ils prennent de la consistance.

CONSERVATION

Une fois cuits, les cookies aux pois chiches se conservent jusqu'à 3 jours dans un récipient hermétique au réfrigérateur. Ils peuvent également être congelés ; il suffira de les laisser décongeler une nuit au réfrigérateur avant de les consommer.

DONUTS à la pomme

8 *donuts*	5 minutes

INGRÉDIENTS

- 1 pomme
- 2 c. à s. de beurre de cacahuète (ou autre purée d'oléagineux)
- 30 g de chocolat noir
- 20 g de coco râpée

CONSERVATION

Les *donuts* à la pomme devront être conservés au réfrigérateur et consommés dans la journée.

Voilà la recette qu'il vous faut pour aider votre enfant à faire le plein d'énergie et de vitamines au goûter ! Le point bonus ? C'est prêt en 5 minutes !

1. Commencer par laver ou peler la pomme.
2. Ensuite, retirer le centre à l'aide d'un vide-pomme, puis découper la pomme en rondelles d'environ 1/2 cm d'épaisseur.
3. Tartiner chaque rondelle de beurre de cacahuète.
4. Concasser le chocolat et saupoudrer les rondelles de pomme avec le chocolat, la noix de coco, ou un mélange des deux.

ENERGY BALLS aux amandes

15 boules

30 minutes + repos

Ces boules d'énergie sont parfaites pour remplir les petits bidons en milieu d'après-midi et les aider à tenir jusqu'à l'heure du dîner. Faciles et rapides à réaliser, elles sont également pratiques à glisser dans la boîte à goûter et à emporter partout.

INGRÉDIENTS

- 130 g d'amandes pelées
- 200 g de dattes
- 60 g de coco râpée + 40 g pour la couverture
- 2 c. à s. de cacao non sucré

1. Commencer par dénoyauter les dattes si elles ne le sont pas déjà.
2. Dans le bol du mixeur, déposer les amandes, les dattes dénoyautées, 60 g de coco râpée et le cacao.
3. Mixer à puissance maximum jusqu'à obtenir une texture entre miettes et pâte.
4. Former les *energy balls* à la main en prenant de petites portions de pâte, puis en les roulant dans la paume de la main.
5. Finir les *energy balls* en les passant dans le reste de la noix de coco.

CONSERVATION

Les *energy balls* se conservent jusqu'à une semaine au réfrigérateur.

SAVIEZ-VOUS QU'IL EST RECOMMANDÉ DE CONSOMMER DES FRUITS À COQUE TOUS LES JOURS ?

Les fruits à coque, tels que les amandes, les noisettes et les noix contiennent des acides gras essentiels. Pour prévenir les risques d'étouffement, il est crucial d'adapter leur forme jusqu'à l'âge de 6 ans. Avant cet âge, il est recommandé de les incorporer en poudre dans des recettes de gâteaux, par exemple.

L'objectif est d'instaurer progressivement l'habitude d'en consommer une petite poignée par jour.

Nos autres recettes avec des fruits à coque : pâte à tartiner choco-noisette p. 51, biscuits aux céréales p. 34, granola p. 40, smoothies p. 46, donuts à la pomme p. 126, mini-cakes poire-amande p. 132, sourires à la fraise p. 141.

CRÊPES à l'avoine

Portions	≈ 8 crêpes
Temps	15 minutes

INGRÉDIENTS

- 240 ml de lait (ou alternative végétale)
- 200 g de farine d'avoine (ou flocons d'avoine mixés)
- 2 œufs
- 1 c. à s. de miel (omettre si l'on veut une version salée)

GARNITURE AU CHOIX

- Ici pâte à tartiner (recette p. 51), kiwi et banane

CONSERVATION

Les crêpes se conservent jusqu'à 3 jours au réfrigérateur, couvertes.

Pas question de se priver de cette délicieuse tradition que sont les crêpes au goûter ! Ces crêpes à la farine d'avoine sont très rapides à préparer et se dégustent avec nos garnitures préférées, comme les vraies !

1. Dans le bol du mixeur, déposer le lait, les œufs, la farine d'avoine et le miel.
2. Bien mixer jusqu'à obtenir une pâte homogène.
3. Ensuite, faire chauffer un peu de matière grasse dans une poêle ou une crêpière.
4. Y déposer une louche de pâte et l'étaler pour obtenir une crêpe plus ou moins fine.
5. Cuire la crêpe quelques minutes puis, une fois que la surface n'est plus liquide, retourner la crêpe à l'aide d'une spatule.
6. Terminer la cuisson une minute de l'autre côté.
7. Répéter l'opération avec le reste de la pâte.
8. Servir les crêpes avec votre garniture préférée.

MINI-CAKES poire-amande

Portions	8 petits cakes
Temps	30 minutes

INGRÉDIENTS

- 2 poires mûres
- 120 g de yaourt nature
- 40 g de sucre
- 2 œufs
- 100 g de poudre d'amande
- 100 g de farine blanche
- ½ sachet de levure
- 50 ml d'huile
- 1 pincée de sel
- 4 c. à s. d'amandes effilées

CONSERVATION

Une fois cuits, les mini-cakes se conservent jusqu'à 3 jours au réfrigérateur, dans un récipient hermétique. Ils peuvent également être congelés ; il suffira de les laisser décongeler une nuit au réfrigérateur avant de les consommer.

Pour changer des muffins et des cakes tout chocolat, voilà une recette fruitée et moelleuse que les mini-gourmands vont adorer découvrir ! En plus, ces petites portions sont pratiques à glisser dans la boîte à goûter.

1. Commencer par peler et râper les poires, puis les réserver.
2. Dans un saladier, verser le yaourt et ajouter le sucre et les œufs et bien remuer.
3. Ajouter la poudre d'amande, la farine, la levure, l'huile et le sel et bien mélanger.
4. Enfin, ajouter les poires râpées et mélanger une dernière fois pour les intégrer à la pâte.
5. Beurrer les moules (pas nécessaire si on utilise des moules en silicone), puis y verser la pâte jusqu'à les remplir à la moitié.
6. Saupoudrer les mini-cakes d'amandes effilées, puis les cuire au four pendant 20 minutes à 180 °C.

PETITS PAINS aux graines

8 petits pains

45 minutes + repos

Imaginez préparer le sandwich du goûter de votre enfant avec un petit pain que vous avez cuisiné ensemble. Pour des idées de garniture dans vos sandwichs, rendez-vous p. 120-121.

INGRÉDIENTS

- 200 ml d'eau tiède
- Un sachet de levure de boulanger (7 g)
- 100 g de farine blanche
- 200 g de farine complète
- ½ c. à c. de sel
- 2 c. à s. de mélange de graines (lin, chia, tournesol, sésame, etc.)
- 1 jaune d'œuf

1. Commencer par diluer la levure dans l'eau chaude.
2. Dans un saladier, mélanger les deux farines, le sel et les graines.
3. Ajouter le mélange d'eau et de levure et mélanger, d'abord avec une spatule, puis à la main.
4. Pétrir rapidement la pâte à la main ou au robot, puis laisser lever 30 minutes dans un endroit tiède comme l'intérieur du four (environ 40 °C).
5. Ensuite, pétrir à nouveau la pâte jusqu'à ce qu'elle soit souple et ne colle plus aux doigts.
6. Découper la pâte en 8 parts égales et former les petits pains.
7. Laisser lever à nouveau une heure dans un endroit tiède.
8. Enfin, badigeonner les petits pains avec le jaune d'œuf dilué dans 1 c. à s. d'eau, puis saupoudrer de graines.
9. Cuire les petits pains 30 à 35 minutes à 180 °C.
10. Servir nature, avec de la confiture ou d'autres garnitures.

CONSERVATION

Les petits pains se conservent jusqu'à 3 jours dans un endroit sec. Ils peuvent également être congelés ; il suffira de les laisser décongeler une nuit au réfrigérateur avant de les consommer.

CAKE VÉGAN
myrtille et citron

1 cake

55 minutes

INGRÉDIENTS

* 1 citron
* 300 g de farine blanche
* 1 sachet de levure chimique
* 120 ml d'huile neutre
* 400 ml de lait végétal
* 8 c. à s. de miel, pâte de dattes, sirop d'agave ou sirop d'érable
* 120 g de myrtilles fraîches ou surgelées

CONSERVATION

Le cake aux myrtilles et au citron peut être conservé jusqu'à 3 jours au réfrigérateur. Il peut également être congelé en tranches.

Qui a dit qu'on ne pouvait pas manger végan et gourmand ? Cette recette est parfaite pour les familles qui cherchent à diminuer la consommation de produits d'origine animale, tout en continuant à faire de la bonne pâtisserie maison.

1. Commencer par bien laver le citron et en râper le zeste. Réserver.
2. Dans un saladier, mélanger la farine et la levure.
3. Ajouter l'huile, le lait, le sucrant choisi et le zeste de citron. Bien mélanger.
4. Laver les myrtilles, puis les rouler dans la farine (cela évitera qu'elles coulent au fond du moule). Les ajouter à la pâte et remuer doucement pour bien les intégrer.
5. Verser la pâte dans un moule à cake chemisé ou huilé et cuire le cake à 180 °C pendant 45 à 50 minutes.
6. Laisser refroidir le cake avant de démouler (il se démontera en le coupant, sinon).

FRITES SUCRÉES et caramel de datte

4 à 6 personnes

15 minutes

INGRÉDIENTS

- 300 g de fruits au choix (ici, pomme, pastèque et melon. On peut également utiliser de l'ananas ou des poires à chair ferme)
- 80 g de petites dattes
- 3 c. à s. d'eau
- 80 g de Philadelphia®

Pour faire le plein de vitamines au goûter, voilà une recette simple à préparer qui vous rafraîchira un maximum cet été !

1. Commencer par dénoyauter les dattes et les faire tremper dans un bol d'eau tiède pendant 10 minutes pour les faire ramollir.
2. Pendant ce temps, peler les fruits et les découper en bâtonnets (nous avons utilisé ici un petit couteau dentelé pour leur donner une jolie forme).
3. Pour la sauce, mixer les dattes avec les 3 cuillères d'eau, puis ajouter le Philadelphia® et bien mélanger. Servir avec les « frites » de fruits.

CONSERVATION

Les fruits, une fois découpés, se conservent jusqu'à 24 heures au réfrigérateur.

La sauce peut être conservée jusqu'à 3 jours au réfrigérateur dans un récipient hermétique.

ASTUCE

Pour éviter que les pommes et les poires ne brunissent au contact de l'air, les laisser tremper quelques minutes dans un bol d'eau salée, puis bien les sécher avec un morceau d'essuie-tout.

LES GOÛTERS d'enfance

Barquettes au chocolat

1 plaque de barquettes	30 minutes

INGRÉDIENTS

- ★ 2 œufs
- ★ 1 c. à s. de sucre
- ★ 60 g de farine blanche
- ★ 2 c. à s. d'huile neutre
- ★ 1/2 c. à c. de levure chimique
- ★ 50 g de chocolat noir
- ★ 1 c. à s. de crème liquide

Les petites barquettes de notre enfance, en version maison et avec beaucoup moins de sucre que les industrielles ! Pour une version fraise, remplacer le mélange au chocolat par une cuillère à café de confiture de fraise.

1. Dans un saladier, battre les œufs avec le sucre.
2. Ajouter la farine, l'huile et la levure chimique et bien mélanger au fouet pour obtenir une pâte lisse.
3. Graisser les moules à barquette et déposer une cuillère à café de pâte dans chaque moule (de quoi les remplir jusqu'à la moitié).
4. Cuire les barquettes 10 minutes à 180 °C.
5. Laisser refroidir.
6. Pendant ce temps, casser le chocolat et le faire fondre au bain-marie avec la crème. Bien mélanger.
7. Quand les barquettes ont refroidi, les démouler, puis remplir le creux du biscuit avec le chocolat, à l'aide d'une petite cuillère.
8. Laisser durcir quelques instants au réfrigérateur avant de déguster.

Mini-oursons

8 oursons	30 minutes

Rien de plus tendre que ces petits oursons moelleux pour le goûter de nos enfants. Nous vous montrons comment les préparer facilement et sans sucre ajouté. Les petits oursons industriels n'auront rien à leur envier !

1. Dans un saladier, mélanger la farine et la levure.
2. Ajouter la compote, l'huile et le lait et bien mélanger au fouet jusqu'à obtenir un mélange crémeux et uniforme.
3. Retirer 2 cuillères à soupe de pâte, les déposer dans un bol et y ajouter le cacao. Bien mélanger.

INGRÉDIENTS

- 200 g de compote de pomme sans sucre ajouté
- 200 g de farine blanche
- 40 ml d'huile d'olive
- 100 ml de lait (ou alternative végétale)
- 1 sachet de levure chimique
- 1 c. à s. de cacao non sucré
- 60 g de pâte à tartiner (p. 51)

4. Dans les moules oursons, commencer par déposer une petite quantité de pâte au cacao sur chacune des pattes.
5. Couvrir d'une fine couche de pâte blanche, puis déposer une cuillère à café de pâte à tartiner au milieu de l'ourson.
6. Terminer en recouvrant la pâte à tartiner d'une dernière couche de pâte blanche.
7. Cuire les oursons 12 à 15 minutes à 180 °C.

CONSERVATION

- Les barquettes et les sourires se conservent jusqu'à 5 jours dans un récipient hermétique et peuvent même être congelés.
- Les oursons se conservent jusqu'à 3 jours dans un récipient hermétique au réfrigérateur et peuvent même être congelés.

Sourires à la fraise

On met de la bonne humeur dans la boîte à goûter avec ces petits sourires maison ! Pour une version chocolat, utiliser la même ganache que celle proposée dans la recette des barquettes p. 140.

8 oursons	30 minutes

INGRÉDIENTS

- 90 g de beurre à température ambiante
- 1 œuf
- 50 g de sucre
- 60 g de poudre d'amande
- 180 g de farine blanche
- 80 g de confiture de fraise (p. 51)

1. Dans un saladier, battre le beurre en crème.
2. Ajouter l'œuf et le sucre et bien mélanger.
3. Ajouter ensuite la farine et la poudre d'amandes et mélanger jusqu'à obtenir une pâte homogène (pétrir rapidement à la main si besoin).
4. Former une boule avec la pâte, l'envelopper de papier film et laisser reposer 30 minutes au réfrigérateur.
5. Abaisser la pâte sur une épaisseur de 0,5 cm.
6. Découper les biscuits à l'aide d'un emporte-pièce rond.
7. Sur la moitié d'entre eux, découper aussi les yeux et la bouche. Si on n'a pas d'emporte-pièce sourire, on peut utiliser un petit couteau pour faire la bouche et une paille pour faire les yeux.
8. Déposer les biscuits sur une plaque de cuisson chemisée et les cuire 10 à 12 minutes à 180 °C (on veut que les biscuits soient cuits sans brunir).
9. Une fois les biscuits cuits, laisser refroidir, puis faire le montage en déposant 1 cuillère à café de confiture sur chaque pièce ronde et en couvrant le tout d'une pièce « sourire ».

Et si on parlait du sucre ?

QUELLE QUANTITÉ DE SUCRE DANS L'ALIMENTATION DE MON ENFANT ?

L'ESPGHAN définit les sucres libres (ceux qu'il faut modérer) comme :

- les sucres ajoutés par les industriels dans les produits que vous trouvez au supermarché ou par le consommateur (sucre de table) ;
- les sucres naturellement présents dans le miel, les jus de fruits, les jus concentrés de fruits (on les retrouve souvent dans certaines recettes affichées « sans sucres ajoutés ») et les sirops.

Ces sucres libres décrivent les sucres qui ont physiologiquement des conséquences différentes que les sucres faisant naturellement partie de la composante d'un aliment, comme le fructose dans les fruits ou encore le lactose dans le lait. L'ESPGHAN rappelle que pour ces derniers il n'y a aucun impératif de consommation pour les jeunes enfants et les enfants (donc on ne panique pas sur les fruits).

Âge	Grammes	Nombre de cuillères à café (1 cc = 6g sucre libre)
2-4	15-16	
4-7	18-20	
7-10	22-23	

UNE JOURNÉE TYPE QUI RESPECTE LES RECOMMANDATIONS (2 À 4 ANS)

Petit déjeuner : tartines de pain complet avec de la purée de noisette non sucrée + une banane et un verre de lait.

Déjeuner : empanadas maquereau-ratatouille + un fruit.

Goûter : un yaourt à la grecque avec 1 c. à c. de sucre complet (4 g) + une tartine de pain au seigle avec 1 c. à c. de confiture (4 g).

Dîner : mac & cheese sauce légumes + un petit-suisse aux fruits (5 g) + un fruit.

COMMENT CHOISIR SES BISCUITS INDUSTRIELS QUAND ON N'A PAS LE TEMPS DE TOUT FAIRE MAISON ?

- **Consultez la liste des ingrédients.** Les ingrédients sont généralement énumérés par ordre décroissant de poids, ce qui signifie que les premiers ingrédients sont les plus abondants dans le produit. Recherchez des biscuits avec des ingrédients simples et facilement reconnaissables.
- **Examinez la quantité de graisses totales,** en particulier de graisses saturées. Dans les biscuits : moins il y en a, mieux c'est.
- **Recherchez la quantité de fibres alimentaires** : plus, c'est élevé, mieux c'est.
- **Observez la quantité de sucre ajouté dans le produit** : cela peut varier du simple au double suivant les produits (de 15 g/100 g pour les moins sucrés à plus de 40 g/100 g pour d'autres).
- **Vigilance avec les produits étiquetés « sans sucres ajoutés »** : pour obtenir la saveur sucrée, l'industriel va utiliser des édulcorants, qui sont déconseillés chez les enfants en bas âge.

10 IDÉES DE GOÛTERS ET BOÎTES À GOÛTER ÉQUILIBRÉS

Dans la boîte à goûter à emporter à l'école :

- un sandwich (vous trouverez 4 idées p. 120-121) et une banane ;
- un muffin sans sucre ajouté (p. 114) et une compote pomme-vanille sans sucre ajouté ;
- deux biscuits secs industriels avec une clémentine (et quelques amandes entières pour les plus de 6 ans) ;
- un morceau de pain complet avec un carré de chocolat noir et du raisin blanc ;
- des *energy balls* (p. 128) avec une pomme.

Prendre le goûter à la maison :

- un yaourt à la grecque avec une cuillère à café de miel, des amandes effilées et des morceaux de poire ;
- une crêpe à l'avoine avec de la pâte à tartiner (p. 130) et des morceaux de kiwi ;
- un smoothie « tout en 1 » (p. 46-47) ;
- une compote maison (p. 102) avec une tranche de cake à la myrtille et au citron (p. 136) ;
- deux pancakes maison (p. 30) avec une cuillère de confiture, des framboises et un verre de lait.

Le dîner

Vous avez déjà rêvé de passer un dîner en famille comme dans les films américains, où tout le monde partage un repas équilibré dans une ambiance chaleureuse et détendue tout en racontant sa journée ? Nous aussi, soyons honnêtes !

Malheureusement, la vraie vie n'est pas toujours un film américain !

Ça ressemble même parfois à un combat de boxe : d'un côté, les parents en manque d'inspiration qui ont moins de 15 minutes pour préparer un repas bon et équilibré. De l'autre, des enfants fatigués qui hurlent « J'ai faaaaaaim ! » pour finalement refuser de goûter. Eh oui, ils auraient préféré des pâtes et du jambon...

Résultat du match : des négociations sans fin pour une bouchée ou des calculs d'apothicaire pour que chaque enfant ait le même nombre de pommes noisettes dans son assiette, sans quoi vous perdrez le match par KO.

Cette situation vous parle ? Rassurez-vous, vous n'êtes pas seuls ! Nous sommes même très nombreux !

Nous avons conçu ce chapitre pour vous donner des pistes qui vous aideront à transformer le match de boxe quotidien en un moment agréable en famille.

Mais il a aussi été rédigé pour vous rappeler que le repas du soir n'a pas besoin d'être parfait pour être précieux. C'est même souvent dans ces moments imparfaits que se cachent les meilleurs souvenirs et les plus beaux fous rires.

Alors, détendez-vous et préparez-vous à explorer les joies et les défis de ce rituel quotidien en laissant la culpabilité au placard.

COMMENT FAIRE UN PLAT QUI PLAÎT À TOUT LE MONDE ?

Malheureusement, à moins de se résoudre à faire des coquillettes au jambon tous les soirs (et encore), plus il y a d'enfants dans la fratrie et plus il est difficile de trouver un repas que tout le monde apprécie...

Que faire alors ? Préparer un plat différent pour chacun ?

Pas du tout ! Cela ne ferait que renforcer les refus de chacun et vous obligerait à répéter l'opération soir après soir.

Voilà ce que vous pouvez faire :

- → inviter vos enfants à vous aider dans la planification des menus de la semaine ;
- → vous assurer que chacun ait au moins un aliment « copain » dans son assiette (crudités, gressins, fromage, fruit, etc.). Cela évitera le refus catégorique de l'assiette et peut même éveiller la curiosité pour le reste du repas ;
- → placer tous les plats et aliments qui composent le repas au centre de la table et laisser chacun se servir et composer sa propre assiette ;
- → se rappeler que pendant que le reste de la famille se régale de l'aliment « pas-encore-apprécié » de votre enfant, celui-ci vous observe et apprend que cet aliment fait partie des repas habituels de sa famille.

JE N'AI PAS DE TEMPS POUR CUISINER LE SOIR ET JE FINIS PAR FAIRE TOUJOURS LA MÊME CHOSE

Notre meilleure stratégie pour ne plus être à court d'idées pour les repas du soir : planifier les menus à l'avance (on vous explique comment composer un menu équilibré p. 22-23).

Cela vous permettra non seulement d'avoir tous les ingrédients disponibles au bon moment, mais aussi de ne pas devoir chercher l'inspiration le soir-même (c'est souvent là qu'on perd le plus de temps), et même de pouvoir prendre de l'avance pour se faciliter la tâche le moment venu.

Pas besoin de faire des menus parfaits, une rotation de plats simples et équilibrés suffira.

Une astuce qu'on adore : avoir toujours à portée de main une liste de plats « express » qu'on pourra dégainer en cas de manque de temps et d'inspiration.

Podcast

Les meilleurs outils pour des repas agréables et sereins

Votre enfant ne tient pas en place pendant le repas ? Voilà l'astuce de Marine Darnat-Wambèke, psychologue : proposer en début de repas à votre enfant 1 à 3 cartes jokers « mouvement » dont il pourra se servir quand il voudra pendant le repas. Écoutez l'épisode et découvrez les autres conseils de notre psychologue préférée pour que les repas se passent bien.

Écouter l'épisode

MAC & CHEESE veggie

	4 personnes
	30 minutes

INGRÉDIENTS

- 200 g de chou-fleur
- 200 g de courge ou potiron
- 200 g de carottes
- 1 c. à s. de beurre
- 2 c. à s. de farine
- 300 ml de lait (ou alternative végétale)
- 1 c. à s. de moutarde douce
- 100 g de cheddar râpé
- 400 g de petites pâtes au choix
- Sel, poivre

CONSERVATION

Au réfrigérateur jusqu'à 3 jours dans un récipient hermétique. Cette recette peut également être congelée.

Votre enfant ne jure que par les pâtes ? Profitez-en pour y ajouter des légumes avec cette délicieuse sauce crémeuse.

1. Commencer par laver et peler les légumes puis les découper et les cuire à la vapeur jusqu'à ce qu'ils soient tendres.
2. Pendant ce temps, faire fondre le beurre dans une petite casserole.
3. Ajouter la farine et mélanger au fouet quelques instants.
4. Monter le feu et ajouter le lait petit à petit tout en continuant de remuer.
5. Ajouter la moutarde, saler et poivrer et poursuivre la cuisson en mélangeant jusqu'à ce que la sauce commence à épaissir. Quand c'est le cas, baisser le feu.
6. Une fois que les légumes sont cuits, les passer au mixeur pour en faire une purée puis les ajouter à la sauce avec le cheddar râpé. Bien mélanger jusqu'à ce que le fromage fonde.
7. Cuire les pâtes dans un grand volume d'eau salée, puis les égoutter et servir avec la sauce aux légumes et au fromage.

CROQUETTES de légumes

4 personnes

30 minutes

Voilà d'appétissantes petites croquettes que les enfants vont adorer déguster avec les doigts. Vous pouvez les réaliser en version chou-fleur ou brocoli, ou même faire un mix des deux.

INGRÉDIENTS

- 500 g de pommes de terre
- 300 g de brocoli ou de chou-fleur
- 100 g de fromage au choix (idéal : emmental, gruyère, comté)
- 120 g de chapelure
- 2 œufs
- Sel, poivre

CONSERVATION

Les croquettes peuvent être conservées au réfrigérateur jusqu'à 3 jours. Pour qu'elles retrouvent leur croustillant, il faut les réchauffer dans une poêle avec un peu de matière grasse. Cette recette ne peut pas être congelée.

1. Commencer par laver et peler les légumes et les pommes de terre, puis les découper et les cuire jusqu'à ce qu'ils soient tendres.
2. Ensuite, les déposer dans un plat, saler et poivrer et écraser le tout à la fourchette.
3. Découper le fromage en petits carrés.
4. Former les croquettes en cachant un morceau de fromage à l'intérieur d'une petite portion de purée. Donner une forme arrondie et plate.
5. Ensuite, faire chauffer un fond d'huile dans une casserole.
6. Casser les œufs dans un bol et les battre légèrement à la fourchette.
7. Verser la chapelure dans un autre bol.
8. Passer chaque croquette dans l'œuf, puis dans la chapelure avant de la déposer dans l'huile chaude.
9. Quand les croquettes sont dorées d'un côté, les retourner pour terminer la cuisson de l'autre côté.
10. Retirer l'excédent d'huile à l'aide d'un morceau de papier absorbant avant de servir.
11. Les croquettes peuvent également être cuites dans une friteuse à air chaud : environ 10 minutes à 200 °C.

PIZZA arc-en-ciel

4 personnes

40 minutes

Pour faire découvrir les légumes à nos enfants de manière gourmande, quoi de mieux que d'inviter l'arc-en-ciel dans les assiettes ? Avec cette pâte à pizza express, toute la famille pourra réaliser de délicieuses créations pleines de couleur.

INGRÉDIENTS

- 260 g de farine blanche
- 180 g de yaourt à la grecque nature
- 100 g de coulis de tomate
- 80 g de mozzarella râpée
- 40 g de brocoli
- 1 petite boîte de maïs en grains
- 40 g de patate douce
- 40 g de poivron rouge
- 40 g d'oignon rouge
- Sel

1. Commencer par préparer la pâte à pizza : dans un saladier, mélanger à la main la farine avec le yaourt et une pincée de sel jusqu'à obtenir une pâte homogène qui ne colle pas trop aux doigts. Si la pâte semble trop collante, ajouter un peu de farine.
2. Ensuite, abaisser la pâte au rouleau sur une surface enfarinée.
3. Déposer la pizza sur une plaque recouverte de papier cuisson, puis badigeonner la pâte avec le coulis de tomate en laissant un petit espace libre au bord.
4. Couvrir avec le fromage râpé.
5. Égoutter le maïs, laver et peler les légumes et les découper en tout petits morceaux.
6. Décorer la pizza en formant des lignes avec les légumes de différentes couleurs.
7. Enfourner 25 minutes à 180 °C.

CONSERVATION

La pizza se conserve 2 à 3 jours au réfrigérateur. La pâte peut éventuellement être précuite à blanc et congelée.

VELOUTÉ ORANGE aux haricots

4 personnes

30 minutes

Voilà une de nos meilleures astuces pour aider les enfants à consommer plus de légumineuses : en ajouter dans les soupes et les veloutés. Cette recette toute douce est idéale pour réchauffer les cœurs quand il fait froid dehors !

INGRÉDIENTS

* 1 oignon
* 200 g de patate douce
* 600 g de carottes
* 1 blanc de poireau
* 600 ml de bouillon de légumes
* 250 g de haricots blancs cuits
* 2 c. à s. de curry en poudre
* Sel, poivre

1. Commencer par peler et hacher l'oignon et le faire dorer dans une casserole avec un peu de matière grasse.
2. Pendant ce temps, laver, peler et découper le reste des légumes.
3. Quand l'oignon a commencé à dorer, ajouter le reste des légumes et les faire revenir quelques instants.
4. Mouiller le tout avec le bouillon et laisser mijoter à feu moyen jusqu'à ce que les légumes soient tendres.
5. Ensuite, rincer et égoutter les haricots et les ajouter avec le curry en poudre et une pincée de sel.
6. Laisser mijoter encore 5 minutes, puis mixer le tout jusqu'à obtenir un velouté lisse. Si besoin, rectifier l'assaisonnement.

CONSERVATION

Le velouté se conserve jusqu'à 3 jours dans un récipient hermétique au réfrigérateur et peut même être congelé.

GNOCCHIS à la courge

4 personnes

40 minutes

Si vous avez le temps de passer un moment en cuisine avec votre enfant, voilà une recette amusante à réaliser pour l'aider à découvrir le bonheur et la fierté de cuisiner pour toute la famille !

INGRÉDIENTS

* 400 g de courge ou de potiron
* 1 œuf
* 40 g de parmesan râpé
* 350 g de farine blanche (+ un peu pour le plan de travail)
* Sel, poivre

1. Commencer par peler et découper la courge et la cuire jusqu'à ce qu'elle soit très tendre.
2. Une fois que la courge est cuite, l'écraser à la fourchette dans un saladier pour obtenir une purée.
3. Ajouter l'œuf et le parmesan râpé. Saler et poivrer et bien mélanger.
4. Ajouter petit à petit la farine en mélangeant d'abord à la cuillère et ensuite à la main.
5. Continuer à pétrir et ajouter de la farine jusqu'à obtenir une pâte malléable qui ne colle pas trop aux doigts.
6. Sur un plan de travail enfariné, former des boudins d'environ 2 cm d'épaisseur avec la pâte.
7. Au couteau, découper de petites portions de pâte.
8. Faire bouillir un grand volume d'eau salée dans une casserole et y plonger les gnocchis par petites portions. Quand ils flottent à la surface, cela veut dire qu'ils sont cuits, les retirer alors à l'aide d'une écumoire.
9. Servir les gnocchis tels quels avec une sauce, ou dorés quelques minutes à la poêle.

CONSERVATION

Les gnocchis, une fois cuits, se conservent jusqu'à 3 jours au réfrigérateur.

ASTUCE

Vous n'avez pas envie de découper tous les gnocchis à la main ? Remplissez une poche à douille avec la pâte, vous n'avez plus qu'à découper les gnocchis au ciseau à mesure que vous faites sortir la pâte et à les faire tomber directement dans la casserole d'eau bouillante.

POCHETTES
tomate, mozzarella et pesto

	≈ 15 pochettes
	30 minutes + repos

INGRÉDIENTS

POUR LA PÂTE :

- ★ 120 ml d'eau
- ★ 20 g de beurre
- ★ 220 g de farine blanche (+ un peu pour le plan de travail)
- ★ 1 sachet de levure de boulanger (7 g)
- ★ Sel

POUR LA FARCE :

- ★ 100 g de pesto (acheté ou fait maison)
- ★ 15 petites tomates cerises
- ★ 15 petites boules de mozzarella
- ★ 1 jaune d'œuf

CONSERVATION

Une fois cuites, les pochettes se conservent jusqu'à 3 jours au réfrigérateur.

Retrouvez tout le bon goût de l'Italie dans ces petites pochettes gourmandes à préparer et à déguster en famille !

1. Dans une petite casserole, faire chauffer doucement l'eau avec le beurre jusqu'à ce que ce dernier fonde.
2. Retirer du feu, ajouter la levure et bien diluer.
3. Dans un saladier, mélanger la farine avec une pincée de sel.
4. Ajouter le liquide et bien mélanger, d'abord à la cuillère, puis à la main.
5. Travailler la pâte quelques minutes sur le plan de travail enfariné, puis former une boule et laisser reposer à couvert 10 minutes.
6. Une fois que la pâte a reposé, la pétrir à nouveau rapidement, puis l'abaisser au rouleau sur une feuille de papier cuisson jusqu'à obtenir une épaisseur de 2-3 mm.
7. Découper des cercles d'environ 8 à 10 cm à l'aide d'un grand verre ou d'un bol de cette taille.
8. Sur chaque cercle de pâte, étaler une petite cuillerée de pesto en laissant un petit espace au bord, puis y déposer deux moitiés de tomate cerise et deux demi-boules de mozzarella.
9. Plier le cercle en deux et sceller les bords à l'aide d'une fourchette.
10. Badigeonner les pochettes de jaune d'œuf et cuire au four 20 minutes à 180 °C.

LA SOUPE des petits dinosaures

4 personnes	40 minutes

En plus d'être super complète, cette recette réchauffera les petits ventres les soirs d'hiver. Vous pouvez en faire différentes versions avec les pâtes préférées de votre enfant.

INGRÉDIENTS

- ½ oignon
- 2 gousses d'ail
- 2 carottes
- 1 petite courgette
- 100 g de petits pois frais ou surgelés
- 400 g de tomates concassées
- 800 ml de bouillon de légumes
- 50 g de pâtes dinosaures (ou autres petites pâtes)
- 200 g de haricots blancs cuits
- 1 pomme de terre
- Sel, poivre

1. Commencer par peler et hacher l'oignon et presser l'ail et les faire dorer dans une casserole avec un peu de matière grasse.

2. Pendant ce temps, laver, peler et découper le reste des légumes en morceaux de taille similaire.

3. Quand l'oignon et l'ail ont commencé à dorer, ajouter le reste des légumes et les faire revenir quelques instants.

4. Ensuite, ajouter les tomates concassées et le bouillon de légumes. Saler et poivrer et laisser mijoter pendant environ 20 minutes ou jusqu'à ce que les légumes soient tendres.

5. Enfin, rincer et égoutter les haricots, peler la pomme de terre et la découper en petits cubes et les ajouter à la soupe en même temps que les pâtes. Continuer la cuisson le temps indiqué sur le paquet de pâtes.

CONSERVATION

Cette soupe se conserve jusqu'à 3 jours au réfrigérateur et peut même être congelée.

CRÊPES aux épinards

4 personnes

15 minutes

INGRÉDIENTS

* 150 g de feuilles d'épinards
* 3 œufs
* 200 ml de lait (ou alternative végétale)
* 110 g de farine blanche
* Sel

POUR SERVIR :

* Fromage, jambon, thon, ou vos garnitures préférées

CONSERVATION

Les crêpes se conservent jusqu'à 3 jours au réfrigérateur et peuvent même être congelées.

Nous ne pouvons pas vous garantir que la première crêpe ne sera pas ratée, comme toujours, mais ce que nous pouvons vous assurer, c'est que les suivantes seront délicieuses et que votre enfant adorera trouver des crêpes aussi colorées dans son assiette !

1. Commencer par laver les feuilles d'épinards.
2. Dans le bol du mixeur, déposer les feuilles d'épinards, les œufs, le lait et une pincée de sel. Mixer le tout jusqu'à obtenir une texture homogène.
3. Ensuite, ajouter la farine et bien remuer au fouet pour défaire tous les grumeaux.
4. Dans une poêle ou une crêpière, faire chauffer un peu de matière grasse.
5. Y déposer une louche de pâte et bien l'étaler sur toute la surface de la poêle.
6. Laisser cuire la crêpe jusqu'à ce que la surface ne soit plus liquide, puis la retourner soigneusement pour terminer la cuisson de l'autre côté.
7. Répéter l'opération avec le reste de la pâte.
8. Servir les crêpes avec vos garnitures préférées.

PÂTES DE PETITS POIS
et sauce tomate maison

4 personnes

40 minutes

INGRÉDIENTS

POUR LES PÂTES :

- 250 g de petits pois cuits
- 200 g de farine blanche (+ un peu pour le plan de travail)

POUR LA SAUCE TOMATE :

- 2 c. à s. d'huile d'olive
- 1 gousse d'ail
- 1/2 oignon
- 2 c. à s. de concentré de tomate
- 400 ml de coulis de tomate
- 1 c. à s. d'origan ou basilic
- Sel, poivre

Votre enfant pourrait ne se nourrir que de pâtes ? Alors profitez-en pour mettre de la variété et de la nutrition dans son assiette avec ces pâtes aux petits pois super faciles à réaliser !

POUR LES PÂTES :

1. Mixer les petits pois cuits jusqu'à obtenir une purée homogène.
2. Ensuite, ajouter la farine et bien mélanger. La pâte doit être lisse sans coller aux doigts. Ajouter de la farine si besoin.
3. Sur une surface enfarinée, étaler la pâte au rouleau en formant un rectangle.
4. Découper au couteau des petits rectangles d'environ 2 × 3 cm.
5. Pour former les pâtes, plier les plus longs bords du rectangle vers l'intérieur jusqu'à ce qu'ils se collent.
6. Ensuite, avec les doigts, pincer le centre depuis les extrémités pour former les petits nœuds.
7. Cuire les pâtes 3 à 4 minutes dans un grand volume d'eau salée.

POUR LA SAUCE :

1. Commencer par peler et hacher l'ail et l'oignon, puis les dorer dans un peu d'huile d'olive jusqu'à ce qu'ils prennent de la couleur.
2. Ajouter le concentré de tomate puis le coulis de tomate.
3. Saler, poivrer et ajouter l'origan ou le basilic.
4. Mettre sur feu moyen et laisser mijoter la sauce 15-20 minutes en remuant de temps en temps.
5. Servir les pâtes avec la sauce tomate.

CONSERVATION

Les pâtes et la sauce tomate se conservent jusqu'à 3 jours dans un récipient hermétique au réfrigérateur. La sauce peut également être congelée.

CROQUETTES DE POIS CHICHES

et sauce à la betterave

4 personnes

25 minutes

Voilà de mignonnes petites croquettes avec une sauce toute rose qui mettra une farandole de saveurs et de couleurs dans l'assiette de votre enfant.

INGRÉDIENTS

POUR LES CROQUETTES :

* 200 g de pois chiches cuits
* 1 œuf
* 1 c. à s. de ciboulette hachée
* 50 g de chapelure
* 1 c. à s. d'huile d'olive
* Sel, poivre

POUR LA SAUCE :

* 1 petite betterave cuite
* 50 g de chèvre frais
* 60 g de yaourt nature
* 1 c. à s. d'huile d'olive
* 1 c. à s. d'ail en poudre
* 1 c. à s. de jus de citron
* Sel

POUR LES CROQUETTES DE POIS CHICHES :

1. Commencer par rincer et égoutter les pois chiches.
2. Dans un saladier, écraser les pois chiches à la fourchette.
3. Ensuite, ajouter l'œuf, la chapelure et la ciboulette, saler et poivrer.
4. Former de petites croquettes à la main et les disposer sur une plaque chemisée.
5. Badigeonner les croquettes avec l'huile d'olive et les enfourner 15 minutes à 180 °C.

POUR LA SAUCE À LA BETTERAVE :

1. Découper grossièrement la betterave et la déposer dans le bol du mixeur avec le reste des ingrédients de la sauce.
2. Mixer jusqu'à obtenir une texture crémeuse.
3. Servir les croquettes de pois chiches avec la sauce à la betterave.

CONSERVATION

Les croquettes et la sauce se conservent jusqu'à 3 jours au réfrigérateur. Les croquettes peuvent également être congelées.

ASTUCE

Les croquettes peuvent aussi être cuites à la poêle : quelques minutes de chaque côté jusqu'à ce qu'elles soient bien dorées.

BURRITOS aux haricots

4 personnes

25 minutes

Envie de voyager ? Cette recette pleine de saveur et réconfortante à la fois vous emmènera loin de chez vous à l'heure du dîner.

INGRÉDIENTS

- ½ oignon rouge
- 200 g de haricots rouges cuits
- 1 petite boîte de maïs en grains
- 150 g de riz cuit
- 100 g de fromage râpé (ne pas ajouter pour une version végane)
- 8 tortillas de blé
- Sel, poivre

OPTIONNEL

- 1 c. à c. de poudre de chili

1. Commencer par peler et hacher l'oignon et le faire dorer dans une poêle avec un peu de matière grasse.
2. Rincer et égoutter les haricots et le maïs et les ajouter à la poêle.
3. Ajouter également le riz, saler et poivrer et saupoudrer avec la poudre de chili. Bien mélanger.
4. Ajouter le fromage râpé et laisser fondre quelques minutes.
5. Bien mélanger le tout, puis retirer la poêle du feu.
6. Pour le montage des burritos, déposer une grosse cuillère de farce sur un des bords de la tortilla. Replier les deux côtés de la tortilla vers le centre puis enrouler la tortilla sur elle-même.
7. Répéter l'opération avec le reste des tortillas.
8. Pour terminer, faire dorer les burritos quelques minutes de chaque côté dans une poêle avec un peu de matière grasse.

CONSERVATION

Les burritos une fois montés se conservent jusqu'à 3 jours au réfrigérateur et peuvent même être congelés.

GRATIN DE RAVIOLES
aux poireaux

4 personnes

40 minutes

INGRÉDIENTS

- 2 blancs de poireaux
- 100 ml d'eau
- 400 g de ravioles fraîches
- 200 ml de crème liquide
- 120 g de fromage râpé (gruyère, emmental, comté)
- Sel, poivre

CONSERVATION

Le gratin se conserve jusqu'à 3 jours au réfrigérateur et peut même être congelé.

Le gratin de ravioles, un plat réconfortant qu'on adore pour se réchauffer pendant l'hiver ! Ajoutez-y des poireaux et vous obtiendrez en plus un repas complet et gourmand.

1. Commencer par laver les poireaux et les découper en rondelles.
2. Ensuite, déposer les rondelles de poireau dans une casserole avec les 100 ml d'eau.
3. Saler et poivrer et cuire à feu vif et à couvert jusqu'à ce que le poireau soit tendre et fondant.
4. Ensuite, monter le gratin en déposant dans cet ordre les ingrédients dans le plat : une couche de ravioles, une couche de poireaux, une couche de fromage, une couche de ravioles, une couche de poireaux, une couche de fromage, puis verser la crème sur tout le gratin.
5. Enfourner 20 minutes à 180 °C.

BEIGNETS DE LÉGUMES et tzatziki

4 personnes

40 minutes

INGRÉDIENTS

POUR LES BEIGNETS :

* ½ courgette
* 1 pomme de terre
* ½ oignon
* 1 carotte
* 1 c. à s. de concentré de tomate
* 1 œuf
* 80 g de fécule de maïs (Maïzena®)
* 40 g de chapelure
* Sel, poivre

POUR LE TZATZIKI :

* 2 gousses d'ail
* 1 concombre
* 2 c. à s. de jus de citron
* 200 g de yaourt à la grecque nature
* Sel

Faites le plein de légumes au dîner avec ces beignets de légumes bien dorés et leur délicieuse sauce tzatziki.

POUR LES BEIGNETS :

1. Commencer par peler les légumes, puis les râper à l'aide d'une mandoline.
2. Avec un torchon propre, essorer les légumes râpés pour en retirer le plus possible de liquide.
3. Déposer les légumes râpés et essorés dans un bol et ajouter le reste des ingrédients. Bien mélanger.
4. Former des boules avec la pâte et les frire, soit dans un fond d'huile chaude (retourner quand elles sont dorées d'un côté), soit à la friteuse à air chaud (environ 10 minutes à 210 °C).

POUR LE TZATZIKI :

1. D'abord, presser l'ail, puis râper le concombre et, à l'aide d'un torchon propre, essorer le concombre râpé pour en retirer le plus de jus possible.
2. Ensuite, mélanger le yaourt avec le concombre, l'ail, le jus de citron et une pincée de sel.

CONSERVATION

Les beignets et le tzatsiki se conservent jusqu'à 3 jours au réfrigérateur. Les beignets peuvent même être congelés.

LES FINGER-*foods*

Galettes au thon et au poivron

4 personnes

15 minutes

Rien de plus simple à préparer que ces petites galettes aux légumes quand on n'a pas d'inspiration pour le repas du soir !

INGRÉDIENTS

- 120 g de poivron rouge
- 80 g de thon en boîte
- 4 œufs
- 120 g de farine complète
- 50 g de parmesan râpé
- Sel, poivre

1. Commencer par laver le poivron et le découper en petits morceaux.
2. Dans un saladier, battre les œufs à la fourchette avec le sel et le poivre.
3. Ajouter le parmesan et la farine et bien mélanger.
4. Égoutter le thon et l'ajouter à la pâte en même temps que les morceaux de poivron. Bien mélanger.
5. Dans une poêle, faire chauffer un peu de matière grasse. Y déposer une louche de pâte et couvrir la poêle avec un couvercle.
6. Cuire la galette à feu moyen jusqu'à ce que la surface ne soit plus liquide, puis la retourner pour terminer la cuisson de l'autre côté.
7. Répéter l'opération avec le reste de la pâte.

Pancakes salés à la patate douce

4 personnes

25 minutes

Connaissez-vous les pancakes salés ? Ils sont une chouette alternative pour faire découvrir les morceaux aux bébés dès le début de la diversification, et même nos grands enfants les apprécient.

INGRÉDIENTS

- 300 g de patate douce
- 2 œufs
- 110 ml de lait (ou alternative végétale)

1. Commencer par peler la patate douce et la découper en morceaux, puis la cuire à la vapeur ou dans un grand volume d'eau salée jusqu'à ce qu'elle soit tendre.
2. Une fois que les morceaux de patate douce sont cuits, les déposer dans le bol du mixeur avec les œufs, le lait, l'huile d'olive, le sel et le poivre.
3. Bien mixer jusqu'à obtenir une texture homogène.
4. Ensuite, ajouter la farine et la levure et bien mélanger à nouveau.

* 1 c. à s. d'huile d'olive
* 60 g de farine blanche ou semi-complète
* 1 c. à s. de levure chimique
* Sel, poivre

5. Dans une poêle, faire chauffer un peu de matière grasse. Y déposer une louche de pâte et couvrir la poêle avec un couvercle.
6. Cuire les pancakes à feu moyen jusqu'à ce que la surface ne soit plus liquide, puis les retourner pour terminer la cuisson de l'autre côté.
7. Répéter l'opération avec le reste de la pâte.

Gaufres au brocoli et au fromage

4 personnes	30 minutes

Ces petites gaufres sans œufs sont une idée facile à réaliser pour un repas du soir gourmand que votre enfant va adorer déguster avec les mains.

INGRÉDIENTS

* 250 g de brocoli
* 100 ml de lait (ou alternative végétale)
* 4 c. à s. de fécule de maïs (Maïzena®)
* 4 c. à s. de farine complète
* 120 g de fromage râpé
* Sel, poivre

1. Commencer par bien laver le brocoli, le découper en morceaux et le cuire à la vapeur ou dans un grand volume d'eau salée jusqu'à ce qu'il soit tendre.
2. Ensuite, mixer le brocoli avec le lait, un peu de sel et de poivre.
3. Ajouter la fécule de maïs, la farine et le fromage râpé et bien mélanger.
4. Préchauffer le gaufrier. Une fois qu'il est chaud, y déposer une louche de pâte et cuire la gaufre quelques minutes (le temps de cuisson peut varier en fonction de la marque du gaufrier).
5. Répéter l'opération avec le reste de la pâte.

ASTUCE

Pour varier, vous pouvez remplacer le brocoli par la même quantité de chou-fleur.

CONSERVATION

Les galettes, les pancakes et les gaufres se conservent jusqu'à 3 jours au réfrigérateur dans un récipient hermétique et peuvent même être congelées.

Les défis les plus fréquents avec le repas du soir :

MON ENFANT NE TIENT PAS EN PLACE À TABLE, COMMENT FAIRE ?

La première chose à se dire, c'est que le corps de nos petits est fait pour BOUGER ! Pour certains enfants, le mouvement est indispensable pour que le repas se passe dans une ambiance positive. Voici deux astuces que vous pouvez mettre en place :

→ **Utilisez des activités motrices** comme : « Peux-tu m'aider à piquer les pommes de terre avec un petit pic ? », « Allez, on sert des carottes à tout le monde », « Peux-tu attraper ton bout de poulet avec cette pince ? » Plus votre enfant prendra part au processus, plus il y aura de chances que le repas se déroule sereinement.

→ Pour les plus de 3 ans : **utilisez un timer,** si besoin, pour l'aider à se repérer. Vous pouvez faire des phrases comme : « Il reste 5 minutes avant que tu puisses descendre de table, as-tu encore envie de manger quelque chose d'ici là ? Ton estomac est-il plein ou encore un peu vide ? »

IL MANGEAIT DE TOUT AVANT, MAIS IL NE VEUT PLUS RIEN GOÛTER MAINTENANT. IL DIT « J'AIME PAS » AVANT MÊME D'AVOIR GOÛTÉ.

Le refus de certains aliments est fréquent chez les enfants de 2 à 10 ans (75 à 77 % selon les sources). En effet, votre enfant va souvent être attiré par les aliments denses en énergie (Coucou les pâtes !) ou sucrés. Et, sans surprise, il rejettera ce qui lui semble amer (comme les légumes...). La plupart du temps, cette sélectivité est transitoire. Celle-ci va donc durer un temps, puis finir par disparaître !

Voilà ce que vous pouvez faire pendant cette période :

★ ne pas réagir quand votre enfant dit « Beurk », « J'aime pas » ou « C'est pas bon » ;

★ l'inviter à découvrir l'aliment avec ses autres sens (vue, toucher, odorat) ;

★ inviter le ludique à table et retrouver son âme d'enfant (manger avec la louche, faire des traces de dents de dinosaures, organiser un concours de celui qui fait le plus de bruit en croquant) ;

★ partir sur de l'évocation face à l'aliment refusé : « Ça te fait penser à quoi ? », « Ça te rappelle quelque chose que tu connais ? »

MON ENFANT NE MANGE PAS SON REPAS DU SOIR, EST-CE QUE JE PEUX LE COUCHER SANS MANGER ?

Rassurez-vous, les repas du soir sont souvent plus compliqués. Commencez par mettre toutes les chances de votre côté en essayant d'avancer l'heure du repas (il n'est pas rare que les enfants aient faim dès 18 h 30).

Vous pouvez aussi adapter le repas :

- en mettant toujours un aliment ami dans l'assiette ;
- en séparant les textures (plus simple pour eux à gérer) ;
- en diminuant la quantité d'aliments dans l'assiette (moins submergeant).

Acceptez que l'appétit des enfants soit irrégulier, surtout autour de 2-3 ans, et que certains soirs, votre enfant ne mangera tout simplement pas. Enfin, ne cédez pas à la tentation de proposer un autre plat que votre enfant préfère : cela risquerait de renforcer ses refus.

IL A DÉJÀ MANGÉ DE LA VIANDE À MIDI, EST-CE QUE JE PEUX LUI EN RESSERVIR LE SOIR ?

Pour les enfants de 4 à 6 ans, une portion quotidienne correspond à un œuf ou environ 50 g de volaille, viande ou poisson. À partir de 7 ans, les portions peuvent progressivement augmenter, avec une portion d'environ 100 g de viande ou de poisson (ou 2 œufs) vers l'âge de 11 ans, ce qui est comparable à la taille des portions pour les adultes. À partir de 11 ans, comme pour les adultes, il est recommandé de limiter la consommation de viandes autres que la volaille à un maximum de 500 g par semaine. Pas de panique si vous dépassez un peu, vous pouvez ajuster les quantités consommées sur la semaine ! Et pour varier les plaisirs, pourquoi ne pas essayer des protéines végétales, comme les légumineuses, le soir ? Vous trouverez plein de recettes dans notre chapitre page 147.

L'apéro et les pique-niques

Dans chaque famille, c'est pareil. Il y a un mot qui fait trépigner de joie tous les enfants : l'apéro ! C'est simple, ils apprécient autant que nous de ces moments de partage en famille ou entre amis.

Mais vous êtes-vous déjà demandé pourquoi les enfants aimaient tant « *prendre l'apéro* » ou partir en pique-nique avec vous, à chaque occasion ?

La raison est simple : c'est moins de pression pour eux comme pour vous ! À l'apéro comme en pique-nique, vous passez un bon moment et oubliez les « *Tiens-toi bien* » et les « *N'en mets pas partout* » qui peuvent jalonner les repas classiques. Vos attentes sont revues à la baisse, sans même le réaliser.

Résultat ? Une atmosphère détendue, une ambiance légère, et le miracle se produit. Vos enfants oublient leurs réticences habituelles, et vous les retrouvez en train de picorer un aliment qu'ils auraient refusé obstinément, en temps normal. Pendant ces moments conviviaux, ils osent partir à l'assaut de la nouveauté, sans que vous y preniez garde.

Vous l'aurez compris : les apéritifs comme les pique-niques sont des opportunités en or pour faire découvrir de nouveaux aliments à vos enfants.

Voilà pourquoi nous voulions consacrer un chapitre de ce livre à des recettes faciles à emporter et à manger, idéales pour ces moments de partage en famille qui sortent du quotidien.

Podcast

Incroyable microbiote, la clé de la santé de nos enfants

Dans cet épisode, Julien Scanzi, gastro-entérologue, nous parle de l'importance du microbiote pour la santé des enfants comme des adultes et nous explique comment bien en prendre soin. Mais ce n'est pas tout ! Il nous dévoile également son astuce pour aider ses enfants à manger de tout : les encourager à manger des aliments de toutes les couleurs pour nourrir les petites « bébêtes » dans leur estomac.

Écouter l'épisode

MON ENFANT A FAIM AVANT L'HEURE DU REPAS, EST-CE QUE JE PEUX LUI DONNER QUELQUE CHOSE AVANT DE PASSER À TABLE ?

Vous pouvez prévoir un petit snack prêt dès que vous allez le récupérer à l'école. Si c'est vraiment juste avant l'heure du repas : offrez un snack peu rassasiant, comme des morceaux de fruits, un morceau de fromage, des ingrédients du repas ou des petites crudités (c'est un excellent moment pour mettre en avant les légumes !). Restez constant, votre enfant s'habituera à la routine que vous choisissez de mettre en place. Si vous offrez une petite collation et qu'il n'a pas faim au repas, ce n'est pas grave, réessayez le lendemain en diminuant la collation. N'oubliez pas : l'appétit de votre enfant est variable. Ce qui fonctionne un jour ne fonctionnera peut-être pas le lendemain.

DÉCOUVRIR EN RIGOLANT

Sortez vos ustensiles les plus loufoques : une louche pour manger la soupe, des pinces pour attraper les carottes, des petits moules à muffins pour y servir les pâtes, etc.

Préparez un pique-nique au fond du salon ; on sort la couverture et les assiettes de pique-nique et on prépare un repas « découverte » avec des aliments que l'enfant aime, mais aussi des nouveautés, à déguster avec les doigts, bien sûr !

BISCUITS APÉRO
à la patate douce

Portions	1 plaque de petits biscuits
Temps	1 heure

Les biscuits apéro sont souvent parmi les produits préférés de nos enfants : salés, homogènes, croustillants, et à déguster avec les doigts, ils ont tout pour leur plaire ! Voilà une version maison avec de la patate douce pour aider les petits gourmands à découvrir ce féculent avec plaisir.

INGRÉDIENTS

- 120 g de patate douce
- 125 g de farine blanche
- 1 c. à c. de levure chimique
- 30 g de parmesan râpé
- 10 g de beurre
- Sel

CONSERVATION

Dans un endroit sec, les biscuits se conservent jusqu'à 5 jours sans problème.

1. Commencer par peler la patate douce et la découper en gros cubes.
2. Cuire les cubes à la vapeur ou dans un grand volume d'eau jusqu'à ce qu'ils soient tendres et s'écrasent facilement à la fourchette.
3. Passer la patate douce au mixeur avec 4 c. à s. d'eau et une pincée de sel jusqu'à obtenir une purée lisse.
4. Dans un saladier, mélanger la farine avec la levure et le parmesan râpé.
5. Faire fondre le beurre, puis l'ajouter au reste des ingrédients avec la purée de patate douce.
6. Bien mélanger, à la main si besoin, jusqu'à obtenir une pâte homogène et facilement manipulable. Former une boule avec la pâte.
7. Sur une surface enfarinée, abaisser la pâte au rouleau sur une épaisseur de 3-4 mm.
8. Découper les petits biscuits apéro à l'aide de petits emporte-pièces, ou simplement en réalisant au couteau des découpes en lignes horizontales et verticales pour obtenir des biscuits carrés.
9. Déposer les biscuits apéro sur une plaque chemisée et les cuire au four 15 minutes à 180 °C.
10. Ensuite, retourner les biscuits à l'aide d'une spatule et cuire encore pendant 5 à 10 minutes pour dorer l'autre côté.

MINI-CAKES
courgette, feta et pesto

15 petits cakes	30 minutes

Votre enfant va adorer mettre les mains à la pâte pour vous aider à préparer ces petits cakes parfumés, parfaits pour être partagés lors d'un apéro ou d'un pique-nique en famille.

INGRÉDIENTS

- 4 œufs
- 80 ml d'huile d'olive
- 100 ml de bouillon de légumes
- 250 g de farine blanche ou semi-complète
- 1 sachet de levure chimique
- 120 g de courgette
- 100 g de feta
- 5 grosses c. à s. de pesto
- Sel

1. Commencer par laver ou peler la courgette et la découper en tout petits cubes.
2. Dans un saladier, casser les œufs et les battre à la fourchette avec une pincée de sel.
3. Ajouter l'huile et le bouillon et mélanger rapidement.
4. Ajouter la farine et la levure et mélanger jusqu'à obtenir une pâte lisse.
5. Ajouter les dés de courgette, la feta émiettée et le pesto. Remuer pour bien intégrer tous les ingrédients.
6. Verser la pâte dans des petits moules à cake en silicone en les remplissant aux ¾.
7. Cuire les cakes au four 20 minutes à 180 °C.

CONSERVATION

Les petits cakes se conservent jusqu'à 3 jours au réfrigérateur, et ils peuvent également être congelés.

BLINIS aux pois chiches

≈ 15 petits blinis

10 minutes + repos

INGRÉDIENTS

- 160 g de farine de pois chiches
- 200 ml d'eau
- 1 c. à c. de levure chimique
- Sel

CONSERVATION

Les blinis aux pois chiches se conservent jusqu'à 3 jours au réfrigérateur, et ils peuvent également être congelés.

ASTUCE

Vous trouverez la farine de pois chiches dans la plupart des supermarchés, et également en magasin bio.

Voilà une manière originale de proposer les pois chiches à votre enfant : des adorables petits blinis moelleux. Servez-les avec une sauce pour tremper : tzatziki, sauce tomate, ou, comme ici, une sauce à base de yaourt, jus de citron, huile d'olive et aneth.

1. Dans un saladier, déposer tous les ingrédients.
2. À l'aide d'un fouet ou d'une fourchette, bien mélanger pour obtenir une pâte lisse et épaisse.
3. Laisser reposer la pâte pendant au moins 10 minutes.
4. Ensuite, faire chauffer un peu de matière grasse dans une petite poêle.
5. Quand la poêle est chaude, y déposer des petits tas de pâte à l'aide d'une cuillère, puis couvrir la poêle et cuire les blinis à feu moyen pendant quelques minutes.
6. Quand la surface commence à être cuite, retourner les blinis pour terminer la cuisson de l'autre côté.
7. Répéter l'opération avec le reste de la pâte.

MUFFINS aux légumes

15 muffins

30 minutes

INGRÉDIENTS

- ★ 1 courgette de taille moyenne
- ★ 2 carottes
- ★ 80 g de farine complète
- ★ 100 g de farine blanche
- ★ ½ sachet de levure
- ★ 100 g de cheddar blanc, râpé
- ★ 2 œufs
- ★ 80 ml d'huile d'olive
- ★ 140 ml de lait (ou alternative végétale)
- ★ 70 g de maïs cuit en grains
- ★ Sel, poivre

CONSERVATION

Les muffins aux légumes se conservent jusqu'à 3 jours au réfrigérateur, et ils peuvent également être congelés.

Votre enfant raffole des muffins au goûter ? Alors il appréciera certainement de retrouver cette version salée à l'apéro ou lors de votre prochain pique-nique !

1. Commencer par laver et peler la courgette et les carottes, puis les râper grossièrement.
2. À l'aide d'un torchon de cuisine propre, essorer les légumes râpés pour en retirer le plus de liquide possible. Réserver.
3. Dans un saladier, mélanger les deux farines avec la levure, un peu de sel et de poivre.
4. Ajouter les œufs, l'huile, le lait et le cheddar râpé, bien mélanger.
5. Rincer le maïs si on utilise du maïs en conserve et l'ajouter à la pâte à muffins avec les légumes râpés.
6. Mélanger rapidement en intégrant tous les ingrédients.
7. Graisser des moules à muffins et y déposer la pâte en les remplissant aux ¾.
8. Cuire les muffins 20 minutes à 180 °C.

ESCARGOTS
à la feta et à la tomate

≈ 20 petits escargots	
30 minutes	

INGRÉDIENTS

* 1 portion de pâte feuilletée carrée ou rectangle
* 100 g de feta
* 4 tomates séchées (en bocal)

CONSERVATION

Les escargots sont à consommer sur le moment, car la pâte feuilletée perd son croustillant une fois au réfrigérateur.

Nous sommes certaines que ces jolis petits escargots décrocheront au moins un sourire, même aux enfants les plus sceptiques ! De plus, c'est une recette simple et rapide que les plus petits auront beaucoup de plaisir à préparer avec leurs parents.

1. Dans un bol, déposer la feta et l'écraser à la fourchette.
2. Hacher finement les tomates séchées et les ajouter à la feta. Bien mélanger.
3. Étaler la pâte feuilletée et y étaler le mélange tomate-feta en laissant un espace libre de 2 cm sur les bords.
4. Ensuite, rouler la pâte sur elle-même en serrant bien.
5. Découper des tranches d'environ 1 cm d'épaisseur et les déposer sur une plaque chemisée.
6. Cuire les feuilletés roulés 20 à 25 minutes à 180 °C.

TRIO DE HOUMOUS colorés

4 à 6 personnes (chaque version)	5 minutes

CONSERVATION

Le houmous peut être conservé jusqu'à 3 jours dans un récipient hermétique au réfrigérateur.

Profitons de la passion de nos enfants pour la trempette pour leur proposer ces houmous colorés et plein de nouvelles saveurs. Servez-les avec du pain grillé, des gressins ou même des crudités en bâtonnets.

Houmous de haricots au basilic

INGRÉDIENTS

- ★ 200 g de haricots blancs cuits
- ★ 20 feuilles de basilic
- ★ 2 c. à s. d'huile d'olive
- ★ Sel

1. Commencer par rincer les haricots.
2. Ensuite, déposer tous les ingrédients dans le bol du mixeur et mixer jusqu'à obtenir une texture homogène.

Houmous de pois chiches et poivron rôti

INGRÉDIENTS

- ★ 200 g de pois chiches cuits
- ★ 50 g de poivron rôti (préparé maison ou en conserve)
- ★ 2 c. à s. de jus de citron
- ★ 2 c. à s. d'huile d'olive
- ★ Sel

OPTIONNEL

- ★ 1 c. à s. de purée de sésame

1. Commencer par rincer les pois chiches.
2. Ensuite, déposer tous les ingrédients dans le bol du mixeur et mixer jusqu'à obtenir une texture homogène.

15 minutes

Houmous de lentilles au curry

INGRÉDIENTS

* 100 g de lentilles corail
* 1 c. à s. d'huile d'olive
* 1 c. à c. de curry en poudre
* Sel

1. Commencer par rincer les lentilles, puis les cuire dans trois fois leur volume d'eau jusqu'à ce qu'elles soient tendres (10 à 15 minutes).
2. Une fois les lentilles cuites, les essorer pour retirer le plus d'eau possible, puis les déposer dans le bol du mixeur avec le reste des ingrédients.
3. Mixer jusqu'à obtenir une texture homogène.

ZOOM SUR LES LÉGUMINEUSES

La plupart des Français ne consomment pas suffisamment de légumineuses. Une étude réalisée par le CREDOC en 2021 a montré que seulement 48 % des personnes interrogées en consommaient une fois par semaine. Il est vrai que nous manquons souvent d'idées au-delà de la classique boîte de lentilles aux carottes. *Pourquoi ne pas commencer dès l'enfance ?* **Il est recommandé de manger des légumineuses au moins deux fois par semaine à partir de l'âge d'un an.**

Voici les légumineuses les plus courantes : lentilles, pois chiches, fève, haricots blancs, haricots rouges, pois cassés.

Elles sont source de calcium, fer, protéines végétales, et surtout, de fibres. Ces fibres sont très importantes pour notre santé : elles aident entre autres à contrôler la glycémie, préviennent les maladies cardiovasculaires, favorisent le transit intestinal et procurent une sensation de satiété. Alors, sans pression, essayons d'en ajouter un peu plus dans nos assiettes !

Si vous manquez encore d'idées, c'est le moment d'aller découvrir nos recettes à base de légumineuses : la bolognaise végétale (p. 58), le steak haché veggie (p. 64), les cookies aux pois chiches (p. 124), le velouté aux haricots (p. 156), les burritos (p. 170) ou encore les blinis aux pois chiches (p. 190).

WRAPS à la betterave

6 wraps

30 minutes

INGRÉDIENTS

* 2 petites betteraves cuites (environ 80 g chacune)
* 1 c. à s. d'huile d'olive
* 1 pincée de sel
* 200 g de farine blanche

POUR GARNIR

* 6 c. à s. de fromage à tartiner et 6 carottes râpées

CONSERVATION

Les wraps sans garniture se conservent jusqu'à 3 jours au réfrigérateur et peuvent même être congelés.

Découvrez comment préparer rapidement de délicieux wraps (ou tortillas) tout roses à garnir comme vous le désirez : avec des légumes râpés comme dans notre recette, du thon, des tranches de fromage, du jambon ou encore du poulet et des légumes cuits.

1. Découper les betteraves en gros morceaux et les déposer dans le bol du mixeur avec l'huile et le sel.
2. Bien mixer jusqu'à obtenir une purée.
3. Ensuite, ajouter la farine et mélanger (à la main si besoin) jusqu'à obtenir une pâte souple et légèrement collante.
4. Avec la pâte, former 6 boules.
5. Sur une surface enfarinée, étaler chaque boule au rouleau pour former des galettes d'environ 15 cm de diamètre.
6. Faire chauffer un peu de matière grasse dans une poêle et y faire cuire chaque wrap quelques minutes de chaque côté à feu moyen.
7. Une fois les wraps cuits, les garnir avec le fromage à tartiner et la carotte râpée, puis les enrouler sur eux-mêmes et les découper en tranches.
8. Pour servir, piquer chaque tranche avec un cure-dents.

L'APÉRO DES enfants

Minipizzas aux lentilles

4 personnes

15 minutes + repos

Une base de pizza aux lentilles ? Non, vous ne rêvez pas, c'est possible ! Une excellente manière de servir des légumineuses à l'apéro et de surprendre vos invités.

INGRÉDIENTS

- 100 g de lentilles corail
- 90 ml d'eau
- 100 ml de coulis de tomate
- 50 g de fromage râpé
- Garniture au choix (ici jambon et olives)

1. Commencer par bien rincer les lentilles et les laisser tremper minimum 3 heures dans un grand volume d'eau.
2. Une fois le temps de trempage terminé, égoutter et rincer les lentilles, puis les mixer avec les 90 ml d'eau jusqu'à obtenir une texture homogène.
3. Sur une plaque recouverte de papier cuisson, former les petites pizzas à l'aide d'une cuillère.
4. Cuire les pizzas 10 minutes à 180 °C.
5. Ensuite, garnir les pizzas avec le coulis de tomate, le fromage râpé et les ingrédients choisis, puis terminer la cuisson au four environ 5 minutes à 180 °C.

CONSERVATION

Les pizzas se conservent jusqu'à 3 jours au réfrigérateur dans un récipient hermétique.

Chips de courgettes

4 personnes

30 minutes

Ce n'est pas un secret, les enfants adorent tout ce qui est croustillant ! Profitons-en pour les aider à élargir leur panel alimentaire avec ces chips en version courgette.

INGRÉDIENTS

- 1 courgette
- 100 g de parmesan râpé

1. Commencer par peler la courgette, puis la râper finement.
2. Avec un torchon, essorer la courgette pour retirer le plus de liquide possible.
3. Dans un bol, mélanger à la main la courgette et le parmesan râpé.

CONSERVATION

Les chips sont à consommer sur le moment, car elles risquent de perdre leur croustillant si elles sont conservées.

4. Sur une plaque recouverte de papier cuisson, former des cercles de pâte en l'étalant pour que l'épaisseur soit la plus fine possible.
5. Cuire les chips au milieu du four 20 minutes à 180 °C.
6. Une fois cuites, laisser les chips refroidir quelques instants pour qu'elles durcissent.

4 personnes

30 minutes

Mini-croques au poireau

Les croque-monsieur, tout le monde les adore ! Voilà une version aux légumes pour varier et les découvrir d'une autre manière.

INGRÉDIENTS

- 2 blancs de poireau
- 8 tranches de pain de mie (complet si possible)
- 200 g de fromage râpé
- Sel, poivre

1. Commencer par laver les poireaux et les découper en rondelles.
2. Ensuite, déposer les rondelles de poireau dans une casserole avec un petit fond d'eau.
3. Saler et poivrer et cuire à feu vif et à couvert jusqu'à ce que le poireau soit tendre et fondant. Ajouter de l'eau si besoin pour éviter que le fond ne brûle.
4. Pendant ce temps, dorer chaque tranche de pain d'un côté dans une poêle avec un peu de matière grasse.
5. Monter les croques en déposant une couche de fromage râpé sur le côté grillé du pain. Ajouter une couche de fondue de poireau et couvrir avec une autre couche de fromage et une deuxième tranche de pain.
6. Faire chauffer un peu de matière grasse dans une poêle et y griller les croque-monsieur quelques minutes de chaque côté.
7. Quand les croques sont dorés des deux côtés et le fromage fondu, les retirer du feu et découper chaque croque en quatre.

CONSERVATION

Les croques se conservent mal d'un jour à l'autre et sont donc à consommer sur le moment. La farce au poireau en revanche peut être conservée jusqu'à 3 jours au réfrigérateur, et même congelée.

SOURCES

LIVRES

Marie-Christine Mouren, Catherine Doyen, Marie-France Le Heuzey, Solange Cook-Darzens, *Troubles du comportement alimentaire de l'enfant. Du nourrisson au pré-adolescent*, Paris, Elsevier Masson, coll. Diagnostics thérapeutiques, 2011.

Ellyn Satter, *Child of Mine. Feeding with Love and Good Sense*, Boulder, Colorado, Bull Publishing Company, 2000.

Patrick Tounian, *Alimentation de l'enfant de 0 à 3 ans*, Paris, Elsevier Masson, coll. Pédiatrie au quotidien, 2024.

ARTICLES

Caroline Degn, « Le partage des responsabilités », clinique pédiatrique de dysphagie et d'ergothérapie, vol. 1, n° 2.

Lubna Mahmood, Paloma Flores-Barrantes, Luis A. Moreno, L. A., Yannis Manios, et Esther M. Gonzalez-Gil, « The Influence of Parental Dietary Behaviors and Practices on Children's Eating Habits », National Library of Medecine, Pub Med, PMID : 33 808 337 ; PMCID : PMC8067332, 2021, DOI : 10.3390/nu13041138

PUBLICATIONS

Agence nationale de sécurité sanitaire de l'alimentation, de l'environnement et du travail (ANSES). Références nutritionnelles en vitamines et minéraux.

ANSES, rapport sur les apports nutritionnels de référence (RNP), 2017.

Centre de recherche pour l'étude et l'observation des conditions de vie (CRÉDOC), étude sur la place des légumineuses dans les comportements et attitudes alimentaires en France réalisée dans le cadre de Cap Protéines, https://www.terresunivia.fr/fichiers/cp/2021-10-11-CP-etude-credoc-consommation-de-legumineuses.pdf.

Ellyn Satter Institute, The Satter Feeding Dynamics Model, https://www.ellynsatterinstitute.org/satter-feeding-dynamics-model/

Groupe d'étude des marchés de restauration collective et nutrition (GEM-RCN), *Recommandation nutrition*, version 2.0, ministère de l'Économie, de l'Industrie et du Numérique, juillet 2015, https://www.economie.gouv.fr/files/files/directions_services/daj/marches_publics/oeap/gem/nutrition/nutrition.pdf

RECOMMANDATIONS NUTRITIONNELLES POUR LES NOURRISSONS ET LES ENFANTS :

Haut Conseil de la santé publique, *Avis relatif à la révision des repères alimentaires pour les enfants âgés de 0-36 mois et de 3-17 ans*, 30 juin 2020, file:///C:/Users/sandr/Downloads/hcspa20200630_rvisidesreprealimepourlesenfan-1.pdf

Ministère de l'Éducation nationale, *Le B.O. Bulletin officiel du ministère de l'Éducation nationale et du ministère de la Recherche*, la circulaire de l'écolier C. n° 2001-118 du 25 juin 2001, https://www.education.gouv.fr/bo/BoAnnexes/2001/special9/special9.pdf

VITAMINE D ET SANTÉ DE L'ENFANT :

Société française de pédiatrie, 2022, https://www.sfpediatrie.com/vitamine

REMERCIEMENTS

Nous tenions à vous remercier, vous, lecteurs et toute notre communauté Instagram. Vous avez bouleversé nos vies. Nos échanges quotidiens sont incroyables et nous motivent chaque jour à continuer. Merci d'être là !

Sophie

Solène, c'est toi que je voudrais remercier en premier. Merci de m'avoir écrit ce message il y a bientôt 3 ans. Merci pour l'énergie et la motivation que tu me donnes au quotidien. Il paraît qu'à deux, on va plus loin !

Merci à mes enfants sans qui ce projet n'aurait jamais vu le jour : vous êtes le moteur de tout ce que j'entreprends dans la vie ! Merci à Minna et Mateo de m'avoir prêté vos petites mains pour faire de jolies photos et d'avoir testé toutes les recettes que j'ai inventées. Et merci à toi, petite Marta, de m'avoir accompagnée, bien nichée dans mon ventre, pendant toute la réalisation de ce livre.

Merci à ma famille qui a toujours cru en moi et m'a soutenue dans tous mes projets, même les plus loufoques, sans jamais douter.

Merci à mon mari pour sa confiance aveugle. Merci de faire chaque jour ton possible pour me donner l'énergie et l'opportunité de réaliser mes rêves.

Et merci à Amandine de Zoom Gourmand pour tes précieux conseils qui m'ont mise en confiance pour réaliser les photos de ce livre.

Solène

Je voudrais de mon côté remercier Sophie en premier lieu. Notre rencontre et ta confiance ont transformé ma vie professionnelle ; sans toi, jamais je n'aurais réussi à réaliser tout cela.

Merci à ma maman et à ma sœur qui m'ont montré qu'une femme peut être forte, indépendante et qui ont toujours répondu présentes quand j'avais besoin d'elles.

Merci à mes collègues, Fred, Laura, Maureen, Sarah, Mélanie et Alexia qui m'ont accueillie à bras ouverts et transmis tellement de connaissances. Nos échanges chaque jour au cabinet sont un vrai soutien.

Merci à mes amies de toujours, Lulu, Anso, Chloé, Elo et Una ; je crois qu'on peut toutes être fières de la vie que nous nous sommes créée en vingt ans !

Merci à mon mari qui m'a toujours soutenue dans mes projets et me permet d'être à 200 % la femme que j'ai envie d'être.

Enfin, merci à ma fille, Coline, la petite personne qui a changé ma vie et qui m'apporte chaque jour tellement de joie et d'amour.

Entreprendre, c'est aussi faire des rencontres personnelles ou professionnelles ; merci à ces femmes, entrepreneurs, qui au travers d'une discussion, d'une collaboration nous ont permis d'évoluer, d'apprendre et surtout de ne pas nous sentir seules : Sarah Guyon, notre copywriter, Typhanie de @lylasignes, Marine de @marinepsychologue, Manon de @daroniefoodclub, Jeanne de @lespetitsresistants.

Nous ne pouvions pas finir sans remercier Flammarion et surtout Élise, notre éditrice. Merci de nous avoir soutenues et fait confiance pour ce projet. C'était un de nos rêves professionnels et vous l'avez réalisé.

Achevé d'imprimer par GPS Group en Bosnie-Herzégovine, en février 2025